Dyhead am HEDDWCH

DYDDIADURON MILWR IFANC
1918 ac 1919

*'Fy nhangnefedd yr wyf
yn ei roddi i chwi.'*

Dyhead am HEDDWCH

DYDDIADURON MILWR IFANC
1918 ac 1919

STEPHEN OWEN TUDOR

y Lolfa

Argraffiad cyntaf: 2018

Llun y clawr: Stephen Owen Tudor adeg ei gofrestru yn 1915
Cynllun y clawr: Y Lolfa

Diolch i Gwyn Jenkins am y lluniau ar dudalennau 98 a 101

Rhif Llyfr Rhyngwladol: 978 1 78461 608 3

Cyhoeddwyd, rhwymwyd ac argraffwyd yng Nghymru gan
Y Lolfa Cyf., Talybont, Ceredigion SY24 5HE
gwefan www.ylolfa.com
e-bost ylolfa@ylolfa.com
ffôn 01970 832 304
ffacs 832 782

Cynnwys

Cyflwyniad

STEPHEN OWEN TUDOR
5 Hydref 1893 – 30 Mehefin 1967

ANRHYDEDD I MI yw cyflwyno fersiwn trawsgrifiedig o ddyddiadur fy nhad am y flwyddyn 1918, blwyddyn olaf y Rhyfel Byd Cyntaf, pan fu'n gwasanaethu ei wlad fel milwr yn y Gwarchodlu Cymreig yn y gyflafan erchyll. Cyflwynaf ef yn bennaf i fy chwaer, Elizabeth, ond gyda pheth gofid na wyddwn am y dyddiadur hanesyddol cyn marwolaeth fy chwaer, Gwen, yn 2003 a fy mrawd, John, yn 2004. Chawsom ni, ei blant, erioed glywed am y profiadau sydd yn y dyddiadur. Dim ond un waith y cyfeiriodd at y cyfnod, a hynny er mwyn rhoi esboniad pam na fedrai fwyta *apricots*. Eglurodd bod y bechgyn yn y ffosydd ar lwgu ers diwrnodiau, ac un adeg yr unig fwyd gyrhaeddodd oedd bocsaid o *apricots*. Fe gafwyd syrffed ohonynt ac fe benderfynodd – 'byth eto!'

Ganwyd ef yn Llwynygog, Staylittle, y plentyn hynaf o chwech, i Thomas Tudor, 1864–1935 a Hannah (Owen), 1868–1914. Cafodd ei addysg, yn dilyn Capel y Graig a'r Ysgol Gynradd yn Staylittle, yn Ysgol Ramadeg Y Drenewydd, gan aros yno mewn llety am y tymor. Bu'n cynorthwyo ei dad o oedran ifanc iawn, yn bugeilio, prynu a gwerthu anifeiliaid a chyfarpar ffermio. Mae Cyfrifiad 1911 yn cofnodi mai pennaeth preswylwyr tŷ Nantyrhafod oedd Stephen Tudor, oedd yn 17 mlwydd oed. Roedd ei dad yn amlwg wedi ymddiried gofal y fferm iddo yn gynnar iawn tra oedd gweddill y teulu yn byw yn Rhydycarw, Trefeglwys. Gorfodwyd iddo ymuno â'r Welsh Guards, ar y rhestr wrth gefn, yn Rhagfyr 1915, a'i ymfyddino ar 28 Tachwedd 1916. Nodir mai bugail ydoedd wrth ei alwedigaeth ar ddogfen yr Ardystiad, gafodd ei harwyddo gan Colonel Harlech, Commanding Officer. Fe'i galwyd at wasanaeth gweithredol yn 1917. Mae'r Dyddiadur yn cofnodi rhai o'r profiadau erchyll, yn arbennig yn y ffosydd yn Ffrainc yn 1918. Yn fuan iawn wedi'r Cadoediad ar 11eg Tachwedd gorfodwyd y Bataliwn i orymdeithio cant a hanner o filltiroedd [mae'r hanes yn dweud mai 212 milltir oedd y daith] yr holl ffordd i Cologne. Derbyniodd wobr am ysgrifennu traethawd yn disgrifio'r orymdaith felltigedig, ond mae honno, yn anffodus, ar goll. Credir bod llawer o ddogfennau'r Gwarchodlu Cymreig wedi eu dinistrio yn y bomio adeg yr Ail Ryfel Byd. Ceir hanes yr orymdaith yn eithaf manwl yn *History of The Welsh Guards* gan C. H. Dudley Ward ac mae dyfyniadau o'r llyfr wedi eu codi i'r Dyddiadur.

Ni chafodd ei ryddhau o'r fyddin tan 15 Ebrill 1919 pan aeth adref ar ei union i Rhydycarw, Trefeglwys. Bu yn amaethu yno ac yn bennaf yn Nantyrhafod, gyda'i dad a'i frawd, Hugh, cyn mynd ymlaen i addysg uwch, er bod ei dad wedi cynnig fferm iddo. Enillodd Anrhydedd mewn Athroniaeth yng Ngholeg Diwinyddol Aberystwyth yn 1923. Yn 1925, enillodd Anrhydedd mewn Diwinyddiaeth yng Ngholeg Lincoln, Rhydychen. Derbyniodd Gymrodoriaeth yn yr Union Theological Seminary, Efrog Newydd 1925–1926. [Dywed Professor E. F. Scott mewn llythyr 18 Mai 1939: 'Mr Stephen Tudor worked with me here about 13 years ago, and whom I remember as one of the best of my students. He came out on a Fellowship awarded annually to a man carefully selected from the English Universities, and more than justified his appointment. He did brilliant work in my department of New Testament Criticism, and was equally distinguished in his other studies.'] Bu'n ddarpar weinidog yn Saskatchewan,

Canada am gyfnod ar ôl y gwaith ymchwil yn UTS. Priododd Ann Hughes Parry ym Maengwyn, Machynlleth ar 1 Medi 1927. Ordeiniwyd ef yn Sasiwn Llandudno 1927 a bu'n Gweinidogaethu yn Gaerwen a Phensarn Berw 1927–29, Tabernacl, Porthmadog 1929–35 a Moriah, Caernarfon 1935–62. Ymddeolodd i Fae Colwyn. Roedd yn Gaplan yn y Fyddin drwy gyfnod yr Ail Ryfel Byd. Ysgrifennodd amryw o lyfrau a cyfrannu rhai cannoedd o erthyglau i gylchgronau a chyfnodolion. Ymysg rhai o'r llyfrau a gyhoeddodd mae: *Beth yw Calfiniaeth?* *Protestaniaeth, Ein Cymunwyr Ieuanc, Cyfrinach yr Afon, Tranc y Rheolwr, Adlais Uwch Llais*. Yn dilyn cyhoeddiad Prydain ei bod yn mynd i ryfel yn erbyn Yr Almaen ym Medi 1939, oherwydd ei argyhoeddiad a'i deimladau cryfion ynghylch yr angen i fugeilio ieuenctid ei wlad fe gytunodd blaenoriaid Moriah i ryddhau'r Gweinidog er mwyn iddo gynnig ei hun yn Gaplan i weinidogaethu i'r milwyr. Fel 'Padre' roedd yn cael ei adnabod gan amlaf. Roedd ei ragflaenydd ym Moriah, Y Parchedig David Hokins 1926–1934 yn Gaplan yn y Rhyfel Byd Cyntaf.

Cyfrannodd at lunio ein 'Cyffes Fer o'n Ffydd' a'r cymal olaf: 'Credwn mai diben pennaf dyn ydyw gogoneddu Duw a'i fwynhau byth ac yn dragywydd.'

Bu farw yn gynamserol yn 73 oed, yn rhannol oherwydd effaith y nwyon ar ei ysgyfaint yn y ffosydd yn 1918.

Ar y garreg fedd ym mynwent Llawryglyn mae'r geiriau:

ER COF AM STEPHEN OWEN TUDOR
GWEINIDOG YR EFENGYL
GANWYD – 1894 ORDEINIWYD – 1927 DYRCHAFWYD – 1967

Dyma ddyfyniadau o un o lythyrau Stephen O. Tudor, yn 24 oed, at ei ewythr, Evan Owen, 25 mlwydd oed, Llwynygog, Staylittle cyn cychwyn i Ffrainc:

3545   Signalling Section
Welsh Guards,
Ranelagh Camp,
Barnes, London, SW13

Nos Lun
Tach 26ain 1917

Fy anwyl Evan,

Nis gwn sut i ddiolch yn iawn i ti am dy ddau lythyr. Maent wedi lliniaru cymaint ar fy nheimladau, ac wedi melysu cymaint ar fy nghwpan nes wyf wedi hiraethu er pan eu derbyniais am hamdden briodol i'w hatteb.

Fe gychwynasom allan heno a'n llusernau yn ein dwylaw, a'n cotiau mawr amdanom tua "Barnes Common" i fynd dan brawf mewn darllen golau gwan, aneglur llusern yn gwincian yn y pellter, ond gan ei bod yn bwrw glaw yn rhy drwm fe'n trowyd yn ôl ar y ffordd, ac mi ddeuais i mewn, mi deflais fy nghorff ar y gwely, ac mi ddywedais wrth fy ffrynd Williams nad yw bywyd yn y Fyddin ddim yn werth ei fyw am bum munud, ac mi ddechreuais feddwl am rywbeth fuasai'n debyg o fod yn "tonic" i mi yn y digalondid, a'r unig beth a gymhellai ei hun i fy meddwl ydoedd ysgrifennu pwt o lythyr at "Evan Llwynygog"...

... Rywsut drwy ganol popeth yr wyf yn mynd i gredu yn gryfach bob dydd (hwyrach fy mod yn credu yn hynod o ddi-sail, ond yr wyf yn credu serch hynny) fod Heddwch wedi dod yn ddistaw bach at y drws, a'i fod yn awr yn curo am dderbyniad – ac hwyrach y daw i mewn yng nghynt nag y mae mil yn ei ddisgwyl, a deng mil yn ei obeithio. Un peth a ddywedaf ei fod yn hwyr bryd iddo ddod. Mae'n bosibl fod rhai o'r Welsh Guards yn gorymdeithio'r funud yma tua'r 'first line', ac os felly dyma yw baich pob un ohonynt:

1) Ordinary Service Marching Order, such as carried in England, weighing about 60lbs; with
2) Steel Helmet
3) Oil sheet
4) 500 rounds ammunition

5) 50 bombs

6) pick and shovel

7) bundle of wire   jar of rum

8) rations for four days etc etc weighing in all between 150 and 180 lbs

Fuaset ti yn hoffi cario'r baich am ryw naw milldir, a phob cam yn mynd dros bennau dy esgidiau mewn llaid, ac ar ôl cyrhaedd

> *"... Gorfod aros yno*
> *Rhwng y pleidiau yn y tân"*

Tybed nad yw yn bryd i'r Rhyfel ddarfod?

"They knocked my boy over last week" meddai un o'r dynion sydd yn gweithio efo Jim wrthyf: "Very sad indeed" ebe fi. "Oh yes" medde fo. "Yes, it is hard luck, but they killed him right enough." "Well I suppose" medde Jim "that you are very upset about it?" "Oh No. What's the use of worrying, it's War, and you can't expect anything else, but what troubles me is that his sister is trying to claim his pay. I am his father; I am the next of kin, I want the money!"

Dyna ei eiriau – y truan tywyll, a'r gwaethaf amdani yw mai nid adrodd ei feddwl ei hun yn onest wnaeth y dyn yn ei anwybodaeth, ond mynegi yn groyw feddwl gwlad – yn enwedig y dosbarth hwnnw, sy'n perthyn i bob dosbarth yn y wlad, sy'n gyfrifol am barhad y Rhyfel. Nid yw bywyd dynol ond ryw drydydd peth heddiw. Money first, beer second, bread next, ac os bydd yn gyfleus gellir meddwl wedyn am y bechgyn sydd yn eu dioddefaint, gellir anfon ambell i barsel iddynt, ac mae ambell i un yn meddwl pan fydd wedi gwneud hynny ei fod wedi gwneud popeth drostynt. Diolch yn fawr i ti am y teimladau a'r dymuniadau cynnes oedd yn dy lythyron megis gobeithio y caf ddod yn ôl yn fuan ac yn y blaen...

...Mi gefais lythyr difyr Dydd Sadwrn oddiwrth fy hen gyfaill Tom Jervis Maesmedrisial, ac y mae yn ysgrifennu Saesneg nid yn unig yn ddealladwy ond yn ddeallgar a dyddorol. Ni welais neb yn gorffen ei lythyr mor naturiol a gwreiddiol ag ef

> *"From your happy old friend,*
> *Twm Maesmedrisial"*

Bachgen hapus oedd Tom hefyd; yr wyf finnau yn meddwl yn fynych am y dyddiau roeddwn innau yn "fachgen hapus".

> "Hedaf yn fy afiaeth
> Ar adennydd hiraeth".

Blwyddyn i nos Fawrth a nos Fercher yr oeddwn yn gorwedd yn Wrexham gyda bachgen o'r enw Charles ?? o Lithfaen. Ni welais ac ni chlywais air byth o'i hanes; fe gafodd ef ei yrru i Litherland a minnau i Caterham. Fe ddaw dydd dychweliad y Gaethglud ryw ddiwrnod. Mi gofiaf byth y noson honno yn y barracks oer yng Ngwrecsam. Yr oeddem mewn ystafell fechan ein dau a chyn mynd i gysgu mi roddais fy nghefn ar y drws ac mi ddarllenais ryw bedair adnod o'r Efengyl yn ôl Mathew, ac fe weddiodd yntau – trannoeth yr oeddem yn ymadael – hwyrach byth i gyfarfod mwy. Erbyn hyn "mae'r flwyddyn wedi mynd, yn oer a gwiw ei gwedd; hi gloddiodd fedd i lawer ffrynd" ysywaeth, gobeithio nad oes rhyw lawer rhagor o gloddio beddau i fod; beth am gyfnod adeiladu'r pyrth a sicrhau'r ddinas?

Wel y ddegfed ran wyf etto wedi ei ysgrifennu – ond rhaid terfynu!

Sut mae Taid a Nain? a Jane? Cofia fi attynt o waelod fy nghalon, a da fachgen ysgrifenna ambell i lythyr da chi!

Cofia fi at ... a phawb arall ddigwydd ofyn cwestiwn yn fy nghylch.

> Yr eiddot byth ac yn dragywydd,
> Dy hen nai annheilwng
>
> Stephan

Mae'r cyfeiriad at rhai 'sy'n gyfrifol am barhad y Rhyfel' yn eithriadol, bod recriwt 24 oed yr un mor ymwybodol o'r hyn ysgrifennodd Siegfried Sassoon yn ddiweddarach yn 1917 yn ei ddatganiad, 'Finished with the War: A Soldier's Declaration'. Gweler isod dan y pennawd 'Heddychiaeth'.

Byddem wrth ein boddau pe bai'r 'sylwadau' y cyfeirir atynt ar gael heddiw.

3545 Gdsn. S. O. Tudor adeg ei gofrestru yn 1915

Ar y ffurflen ymrestru nodir mai bugail ydoedd wrth ei alwedigaeth. Y mae Cyfrifiad 1911 hefyd yn ei restru fel penteulu – 'Head of the household' – yn Nantyrhafod. Y rhai eraill oedd yn preswylio yno gydag ef oedd Humphrey Tudor, ewythr 48 oed, a phedwar gwas. Roedd Thomas Tudor wedi ymddiried y fferm i ofal ei fab hynaf oedd yn 17 ar y pryd, tra ei fod ef, ei wraig a'r plant ieuengaf yn byw yn Rhydycarw, Trefeglwys.

Rhagymadrodd

Y Rhyfel Byd Cyntaf 1914–1918

Yn wreiddiol, gwraidd yr anghydfod arweiniodd at y rhyfel oedd ymateb y pwerau mawr eraill at uchelgeisiau Ymerodraeth Yr Almaen wedi 1871.

Yn y bedwaredd ganrif ar bymtheg roedd pwerau blaenaf Ewrop wedi ceisio sefydlu 'balance of power' gwleidyddol a milwrol cymhleth ar draws y cyfandir. Y cyntaf oedd cytundeb Ymerodraeth Yr Almaen ac Awstria-Hwngari yn 1879 i greu'r Gynghrair Ddeublyg, y 'Dual Alliance'. Yn 1882, ychwanegwyd Yr Eidal i greu'r Gynghrair Driphlyg. Arwyddwyd cytundeb y Gynghrair Ffranco-Rwsaidd yn 1892 i wrthweithio grym y Gynghrair Driphlyg. Yn 1907, fe ymunodd yr Ymerodraeth Brydeinig gyda Ffrainc a Rwsia; arwydd o ddechreuad y 'Triple Entente'.

Fel yr oedd pŵer diwydiannol Yr Almaen yn cynyddu aeth Kaiser Wilhelm II, 1859–1941 Ymerawdwr Yr Almaen a Brenin Prwsia, ŵyr y Frenhines Victoria, ati i neilltuo adnoddau sylweddol i'r Kaiserliche Marine er mwyn gallu cystadlu â'r Llynges Frenhinol Brydeinig. Canlyniad y ras arfogi rhwng Prydain a'r Almaen oedd i bwerau mwyaf Ewrop neilltuo eu diwydiant i gynhyrchu arfau a chyfarpar angenrheidiol ar gyfer gwrthdaro ar draws Ewrop. Rhwng 1908 a 1913 bu cynnydd o 50% yng ngwariant milwrol gwledydd Ewrop. (Gweler cofnod 7 Ionawr.)

Yn 1909 cymerodd Awstria-Hwngari Talaith Bosnia-Herzegovina allan o Ymerodraeth Ottoman. Ymerodraeth Mwslemaidd, gychwynol yn Asia Leiaf, oedd Ottoman, ac a ymledodd drwy goncwest; erbyn 1520 roedd yn rheoli y rhan fwyaf o Dde-ddwyrain Ewrop, gan gynnwys rhan o Hwngari, y Dwyrain Canol a Gogledd Affrica. Erbyn dechrau'r ugeinfed ganrif roedd pŵer yr Ymerodraeth wedi ei erydu gan uchelgais Rwsia ac Awstria yn Ne-ddwyrain Ewrop, uchelgais Ffrainc, Prydain a'r Eidal yng Ngogledd Affrica, ymddangosiad gwledydd y Balcanaidd, a cholli awdurdod yn fewnol. Ymunodd â'r Pwerau Canolog yn 1914, a chwympo yn dilyn y gorchfygu yn 1918. Cynddeiriogwyd Llinach Frenhinol Romanoff Rwsia a Brenhiniaeth Serbia gan y weithred hon oherwydd bod cyfran helaeth o boblogaeth Bosnia-Herzegovina yn Slavic-Serbian. Ymladdwyd y Rhyfel Balcanaidd Cyntaf yn 1913 rhwng y Balkan League ac Ymerodraeth Ottoman. Canlyniad y rhyfel oedd Cytundeb Llundain (Treaty of London), olygodd lleihad pellach yn Ymerodraeth Ottoman drwy greu Gwladwriaeth Albania ac ehangu ffiniau Bwlgaria, Serbia a Gwlad Groeg. Yn yr Ail Ryfel Balcanaidd aeth ymlaen am 33 niwrnod, ymosododd Bwlgaria ar Serbia a Gwlad Groeg. O ganlyniad, collwyd Macedonia i Serbia a De-Dobruja i Romania. Arweiniodd y rhyfeloedd at ansefydlogi pellach yn y rhanbarthau.

Ar 28 Mehefin 1914 llofruddiwyd Archddug Franz Ferdinand a'i wraig, Sophie gan grŵp o Serbiaid ifanc dan arweiniad Gavrilo Princip yn Sarajevo, sydd yn awr ym Mosnia. Etifedd arfaethedig Franz Joseph I, 1830–1916, Ymerawdwr Awstria a Brenin Hwngari, oedd Franz Ferdinand. Defnyddiodd Awstria-Hwngari y llofruddiaeth yn esgus i ymosod ar Serbia ar 28 Gorffennaf 1914. Ddiwrnod yn ddiweddarach fe alwodd Rwsia i'r fyddin. Gweler isod bod Asquith wedi mynd at Sior V, bore 1 Awst, i'w gael i anfon at ei gefnder, y Tsar i geisio dwyn perswâd i ddiddymu'r gorchymyn. Wedyn, dechreuodd Yr Almaen alw dynion i'r fyddin ar 30 Gorffennaf 1914 gydag ymfyddino llawn yn dilyn ar 1 Awst; arweiniodd at alw i'r fyddin yn Ffrainc ar 1 Awst ac ar yr un diwrnod cyhoeddodd Yr Almaen ryfel yn erbyn Rwsia. Mae'n rhaid nodi, tra oedd y negeseuon tyngedfennol hyn ym mynd yn ôl a blaen – fe'i gelwir gan un hanesydd yn 'crisis situation where the balance of initiatve was shifting' – roedd Churchill, yn ei swydd fel First Lord wedi cael cytundeb y cabinet ar 29 Gorffennaf 'for a precautionary mobilization of the fleet', a'r noson honno, yn ôl C. H. Dudley Ward, 'Asquith managed to give his tacit consent to a deployment of the fleet to war stations'. Ar 1af Awst heb ganiatâd y cabinet penderfynodd Churchill ymfyddino y llynges. Does dim amheuaeth bod y cam tyngedfennol yma wedi dylanwadu ymhellach ar arweinyddion y gwledydd eraill. Mae rhai yn dadlau bod y weithred o ymfyddino y Llynges Brydeinig ar yr adeg hwn yr un mor dyngedfennol â gweithredoedd Yr Almaen ar yr un diwrnod. Roedd un llaw yn pledio cymedroldeb a'r llall yn llythrennol 'yn gwthio'r gwch i'r dwfn'. Ar 3 Awst fe gyhoeddodd Yr Almaen ryfel yn erbyn Ffrainc.

Arweiniodd ymosodiad Yr Almaen ar wlad niwtral Belg ar 4 Awst at benderfyniad Prydain i ymuno yn y rhyfel ar ochr Ffrainc. Ymunodd Japan ar ochr Prydain, Ffrainc a Rwsia. Ochrodd Twrci efo'r Almaen yn Nhachwedd 1914 ac wedyn Bwlgaria, Hydref 1915. Ym Mai 1915, daeth Yr Eidal i'r rhyfel ar ochr y Cynghreiriaid.

Trodd yr hyn ddechreuodd fel gwrthdaro Ewropeaidd i fod yn gyflafan fyd-eang yn cynnwys 32 o wledydd.

Milwyr wedi marw	9,911,000
Milwyr wedi clwyfo	21,219,500
Milwyr ar goll	7,750,000
Cyfanswm y milwyr a laddwyd / anafwyd / ar goll	38,880,500

Roedd y Cytundebau Heddwch a luniwyd yn ddiweddglo i'r rhyfel, Cytundeb Versailles, yn llym ac yn aml ddim yn bosib ei gorfodi. Arweiniodd at atgyfodiad cenedlaetholdeb ymosodol a Natsiaeth yn Yr Almaen. Er bod gobaith mai'r 'Rhyfel i ddiweddu bob rhyfel' oedd Y Rhyfel Byd Cyntaf, fe arweiniodd y ffordd at y rhyfel mwyaf dinistriol yn hanes.

Cyfandir llawn brenhinoedd oedd Ewrop yn nechrau'r

ugeinfed ganrif. O'r chwe prif bŵer, dim ond Ffrainc oedd yn weriniaeth. Roedd hyd yn oed gwledydd cymharol newydd y Balcanau – sef Groeg, Serbia, Montenegro, Bwlgaria, Rwmania ac Albania – i gyd yn freniniaethau. Ond doedd y broses o greu polisi ddim yn hawl oedd gan y brenhinoedd. Yn hytrach, dywed un hanesydd: 'Factional alignments, functional frictions within government, economic or Financial constraints and the volatile chemistry of public opinion all exerted a constantly varying pressure on decision-making processes.' Roedd y rhan fwyaf o benaethiaid y gwledydd yn perthyn i'w gilydd.

Cyn y rhyfel roedd wyrion ac wyresau'r Frenhines Victoria yn eistedd ar orseddau Rwsia, Norwy, Sbaen, Yr Almaen, Groeg, Rwmania a Phrydain Fawr. Roedd Y Tsar Nicholas II, Y Tsarina Alexandra a Kaiser Wilhelm II yn gefndryd cyfan i Siôr V o Brydain.

Erbyn diwedd y rhyfel roedd pedwar ymerodraeth wedi eu gorchfygu yn filwrol ac yn wleidyddol – Yr Almaen, Rwsia, Awstria-Hwngari ac Ymerodraeth Ottoman. Yn wir, bu i'r ddau olaf beidio â bod fel awdurdodau hunanlywodraethol. Datblygodd yr Undeb Sofietaidd o Ymerodraeth Rwsia ac fe sefydlwyd amryw o wledydd llai o faint. Ffurfiwyd Cynghrair y Cenhedloedd (League of Nations) yn y gobaith o osgoi ymladdfa debyg byth wedyn.

Nid yw Prydain wedi clirio dyled ariannol y Rhyfel Mawr yn llwyr ac mae llog ar Fenthyciadau Rhyfel, y War Loans yn parhau ar 4%, er bod llogau cyffredinol buddsoddwyr yn llai na 1%. Dim ond yn ddiweddar iawn y cliriwyd Benthyciad Prydles (Lend Lease) yr Ail Ryfel Byd i'r Unol Daleithiau, dros drigain mlynedd ar ôl diwedd yr ymladd.

Y Gwarchodlu Cymreig

Roedd 100,000 o Gymry wedi ymuno â'r fyddin Gymreig, Royal Welch Fusiliers cyn Mai 1915. (Ymunodd ail frawd Stephen, 90131 Pte. David Thomas Tudor 1899–1968 ar 6ed Mehefin 1918. Gweler cofnod Y Dyddiadur am 10fed Mehefin.) Roedd colledion yn y rhyfel yn aruthrol o uchel a nifer y gwirfoddolwyr yn lleihau ac fe benderfynwyd y byddai sefydlu gwarchodlu Cymreig yn ysgogiad. Yn hanesyddol, y Gwarchodlu hynaf oedd y 'King's Bodyguard of the Yeomen of the Guard' a ffurfiwyd o blith cyfeillion Cymreig dibynadwy Harri VII. Rhain oedd y milwyr sefydlog cyntaf – 'The first permanent bodyguard of the King' yn ôl C. H. Dudley Ward. Ond yn naturiol, yn dilyn brwydr Bosworth, gyda'r wlad wedi ei difrodi gan y rhyfel cartref, nid oedd y brenin am roddi teitl i'r gwarchodlu oedd yn dangos ffafriaeth. Mae rhai haneswyr yn dweud mai damwain oedd peidio galw'r milwyr cynnar yr hyn oeddynt, sef gwarchodlu o Gymry. Ymhen amser, fe sefydlwyd amrywiol 'Foot Guards' yn eu mysg y 'Grenadiers' a'r 'Coldstream' ac yn ddiweddarach, y 'Scots Guards' a'r 'Irish Guards'. Dywedir bod yr Arglwydd Kitchener (Ysgrifennydd Gwladol dros Ryfel ym mlynyddoedd cynnar y Rhyfel Byd Cyntaf) yn awyddus i'r Brigade of Guards fod yn gynhwysfawr ac ni allai ddioddef bod Cymru wedi ei heithrio.

"Knowing the hopes of his Welsh subjects, and their marvellous response to the call to arms, His Majesty never signed a document with greater pleasure than the one now put before him by his Minister for War. On February 26th, 1915, His Majesty King George V authorised by Royal Warrant the creation of a Welsh Regiment of Foot Guards, to be known as the Welsh Guards."

C. H. Dudley Ward

Galwyd ar wirfoddolwyr o blith Catrawdau Gwarchodlu y Grenadier, Coldstream a'r Sgotiaid a gwnaed apêl ar i recriwtiaid Cymreig ymuno gyda'r Gatrawd newydd. Dechreuwyd felly ar y Rhol Catrodol. Ar y 7fed o Awst, ymddangosodd y cyhoeddiad canlynol yn The London Gazette: 'His Majesty the King has been graciously pleased to confer on the Welsh Guards the honour of becoming Colonel-in-Chief of the Regiment.' Ar yr 17eg gadawodd y bataliwn am Ffrainc.

Fel y nodwyd uchod, ymrestrodd S O Tudor fel Preifat i'r Adran Arwyddo ('Signalling Section') o'r Gwarchodlu Cymreig. Roedd gwaith yr arwyddwyr, yn fras, yn golygu: atgyweirio'r gwifrau cyfathrebu bob tro roeddent yn torri o ganlyniad i belenni tân a chefnogi'r cloddwyr ('sappers') wrth iddynt atgyweirio'r wifren bigog a fwriadwyd fel amddiffynfa yn erbyn dynesiad y gelyn. Yn neillduol, disgwylid i'r arwyddwyr ragchwilio i mewn i dir neb, yr ardal rhwng llinell flaen amddiffynnol yr Almaenwyr a llinell flaen amddiffynnol y cynghreiriaid, ac adrodd am leoliadau a chryfder y gelyn. Byddent yn arwyddo yn ôl gan ddefnyddio telegraff, gyda negeseuon ysgrifenedig, neu drwy semaffor. Yr oedd yr olaf trwy gyfrwng arwyddion llaw gyda fflagiau oedd yn golygu, o reidrwydd, eu bod yn gorfod bod mewn safleoedd amlwg a pheryglus er mwyn galluogi'r llinell flaen, neu'r llinell wrth gefn, i weld yr arwyddion (gweler 19 Hydref 1918).

Heddychiaeth a Recriwtio

Fel y cyfeiriwyd uchod roedd polisïau 'race to arms' a'r 'balance of power' yn mynd ymlaen er y bedwaredd ganrif ar bymtheg ac fe arweiniodd at ansefydlogi bob cytgord heddwch oedd yn bodoli. Ym misoedd cynnar 1914 roedd gwrthwynebiad Llywodraeth Ryddfrydol y dydd i Brydain fynd i ryfel yn gryf. Gwnaed yn glir ar fore Gorffennaf 29ain nad oedd Prydain am gael ei llusgo i ryfel oherwydd 'cwestiwn y Balcanau'. Mae'r hanesydd Christopher Clark yn *The Sleepwalkers* yn ychwanegu 'that France was allowing herself to be drawn into a quarrel which is not hers but owing to her alliance, her honour and interest obliged her to engage; Britain, by contrast, was free of engagements and would decide what British interests required the government to do'. Dywedir bod o leiaf tri-chwarter Cabinet Prydain y bore hwnnw yn erbyn ymyriad. Rhoddwyd esgus i beidio cefnogi Ffrainc bod telerau'r gynghrair yn aneglur. Roedd anesmwythder yn ôl yr hanesydd Christopher Clark 'that a remote quarrel in south-eastern Europe could be accepted as the trigger for a continental war, even though none of the three Entente powers was under direct attack or threat of attack'. Cawn ein hatgoffa bod y dewisiadau chwerw wedi rhannu gwleidyddion, y cabinet a meddyliau'r rhai oedd yn rhoddi cyngor ar y penderfyniadau. Mae anghydfod rhwng haneswyr yn drysu beth yn union oedd y safbwyntiau rhwng yr 'interventionists' oedd am ymrwymo i amddiffyn gwledydd eraill hyd yn oed os nad oedd perygl uniongyrchol i Brydain a'r 'anti-interventionists' y rhai oedd am amddiffyn niwtraliaeth i'r eithaf.

Mae cofnodwyr wedi gwneud y sylw bod llywodraeth Prydain yn nechrau 1918, wedi dwyn mesur Irish Home Rule, a gyda'i llygaid wedi ei hoelio ar naw sir Ulster yng ngogledd Iwerddon. 'Ireland was on the brink of a fully-fledged Civil war.' Cychwyn y 'trafferthion' sydd yn parhau byth. Roedd llofruddiaeth yn Sarajevo yn bell iawn o gael sylw haeddiannol y cabinet.

Yr hyn sydd yn amlwg yw pa mor aneffeithiol oedd y cefndryd yn y cyfnod ansefydlog: Siôr V, Prydain; Y Tsar Nicholas II, Y Tsarina Alexandra, Rwsia; a Kaiser Wilhelm II, Yr Almaen. Arweinwyr mewn enw yn unig, heb unrhyw ddylanwad ar y gwleidyddion. Mae'n debyg bod y Kaiser ar fordaith Sgandinafaidd yn ystod y mis Gorffennaf tyngedfennol hwnnw yn ôl ei arfer bob haf, oedd yn ei alluogi i ddianc o densiynau, cymlhethdod a'i deimlad o ddiymadferthedd yn Berlin. Ceir hanesyn sy'n dweud llawer am gymeriad Siôr V hefyd. Pan aeth y Prif Weinidog, Herbert Asquith, i weld Siôr V am 1:30 y bore ar 1 Awst, yn dilyn cyhoeddiad Yr Almaen honna'r hanesydd Christopher Clark ' … that if Russia did not immediately rescind its order of mobilization, Germany would be obliged to mobilize its own forces, which in turn would 'mean war'. Roedd Asquith eisiau i'r brenin anfon telegram i erfyn ar y Tsar i atal ymfyddino yn Rwsia. Yng ngeiriau Asquith: 'The poor king having been woken from his "beauty sleep" – while I read the message and the proposed answer could only suggest adding "My dear Nicky" and the addition at the end of the signature "Georgie!".' Rhaid cofio, hefyd, bod Siôr V wedi gwrthod lloches ym Mhrydain i 'Nicky' a'i deulu adeg Chwyldro Rwsia. Mae un hanesydd wedi dweud oherwydd perthynas y 'monarchical club ... the outbreak of war in 1914 looks rather like the culmination of a family feud'.

Yn dilyn Chwyldro Rwsia fe ddaeth y Bolsiefiaid, oedd wedi disodli a lladd y Tsar, o hyd i amryw o negeseuon rhwng y cefndryd. Fe'i gelwid yn ddiweddarach yn 'the Willy-Nicky telegrams' ac maent yn dangos y gyfathrach a hefyd y diffyg cyfathrach oedd rhyngddynt. 'They were diplomatic cables couched in the form of personal correspondence, neither private nor secret ... but carefully vetted by Foregn Office personél. Curious monarch-to-monarch signalling, though the monarchs were the transmitters, rather than the generators of the signals exchanged.' (Christopher Clark)

Mae safbwynt 'heddychiaeth' Unol Daleithiau America yn ddiddorol. I ddechrau arni, roedd yn dilyn polisi o ynysyddiaeth gan osgoi gwrthdaro a thra'n parhau i anelu at heddwch. Hyd yn oed pan suddwyd y Lusitania gyda 128 o Americanwyr ar ei bwrdd gan llong-danfor Almaenig, ymateb Arlywydd Woodrow Wilson oedd – 'America is too proud to fight'. Er ei fod wedi llwyddo i gael addewid gan Yr Almaen i beidio ag ymosod ar longau teithwyr, methodd â sicrhau cytundeb. Llwyddodd Arlywydd Wilson i ennill etholiad am ei ail dymor gydag addewid i gadw America allan o'r Rhyfel. Yn bennaf, dau ddigwyddiad achosodd i Wilson ddiweddu ei agwedd o honni niwtraliaeth. Cyhoeddodd Yr Almaen ar 1 Chwefor 1917 ganiatáu rhyfela heb gyfyngiad gan ei llongau tanfor ac i ddilyn fe suddwyd 7 o longau masnachol yr U.D. gan Yr Almaen, ac yn ail fe ddatgelwyd y 'Zimmerman telegram' o Berlin i Mexico. Cynnig Berlin oedd i Mexico ymuno â'r Rhyfel o ochr Yr Almaen os byddai'r U D yn ymuno â'r Rhyfel. Addewid Berlin oedd cefnogi Mexico i adennill Texas, New Mexico ac Arizona. Cafodd yr Arlywydd gefnogaeth a galwodd am ryfel yn erbyn Yr Almaen, 'which the U.S. Congress declared on 6 April 1917'.

Gwelir bod y ffordd roedd y gwleidyddion ac arweinwyr y gwledydd yn ymddwyn ac yn meddwl, o bob tu, yn ddauwynebog ac yn aml yn dwyllodrus.

Mae'r Parchedig J. W. Jones, Llansanan – Criccieth – Conwy yn ei hunangofiant, *Crefft, Cledd, Cenad*, yn egluro safbwyntiau ymuno â'r fyddin a heddychiaeth. Dywed: 'Yn union wedi i mi roi fy mryd ar y weinidogaeth, ac wrth weld yr hogiau yn mynd i ymuno â'r fyddin ... mae'r soldiwrs yn ymladd dros wlad fechan, ac yn ymladd dros gyfiawnder'. Teimlai ei bod yn ddyletswydd arno wneud ei ran yn erbyn gormes ar y rhai di-amddiffyn. Fe ddaeth ar draws gwrthwynebwyr cydwybodol yn gynnar iawn. Y rhai 'oedd yn erbyn pob math ar ymladd a lladd, yn erbyn rhyfel, a ddim yn credu mewn gwisgo caci. Does gen inna' ddim eisio'r siwt yma chwaith.' Ar fymryn o 'lîf' o Parc Kinmel aeth adref a mynd i'r capel ar y Sul. 'Mi ges fwy o groeso yn y capel na chonshi. Petawn i yn gonshi 'chawn i ddim, dyna agwedd yr eglwysi yr adeg honno at wrthwynebwyr cydwybodol.' Ar drothwy yr Ail Ryfel Byd dywed, 'Pwy yn ei synnwyr a oedd eisiau ail-fyw rhai o brofiadau mwyaf erchyll y gorffennol a cherdded unwaith yn rhagor drwy'r uffern honno a brofodd rhan helaeth o'r byd rhwng 1914 a 1918? – dioddef yn y mwd a'r baw a'r oerfel wrth gerdded glyn cysgod angau.' Y sylweddoliad bod 'bechgyn eraill fel minnau ar yr ochr arall i'r lein yn mynd drwy dân uffern, fy mrodyr yng Nghrist'.

Ar 9fed Ionawr 1916, oherwydd bod nifer y gwirfoddolwyr yn prinhau a'r nifer oedd yn cael eu lladd yn ddyddiol yn erchyll, fe basiwyd yn y Senedd y Ddeddf Gwasanaeth Milwrol yn cyflwyno gorfodaeth filwrol i ddynion dibriod. Fe gafodd y gorfodaeth filwrol ei hymestyn i ddynion priod ddechrau mis Mai. Canlyniad y ddeddf oedd bod llawer rhagor wedi eu hanfon i'r lladdfa a hefyd bod llawer eraill wedi dod o hyd i'w crefydd yn sydyn iawn. Arweiniodd at wrthdaro, weithiau yn fileinig iawn, o'r ddwy ochr – y rhai oedd yn parhau i weld dyletswydd ac yn credu'n gryf bod y rhyfel yn gyfiawn a'r 'conshies' fel y'u gelwid gan J. W. Jones, y gwrthwynebwyr cydwybodol.

Gwasanaethodd 3,036 o gaplaniaid yn y Rhyfel. Gwelir cyfeiriadau atynt – yn ddiolchgar gan amlaf – yn y Dyddiadur. Mae tystiolaeth bod parch mawr gan y milwyr Cymreig at y gweinidogion a fu'n eu cysuro a'u cynghori yn ymarferol yn ogystal ag yn ysbrydol.

Y Deyrnas

Ffurfiwyd cymdeithas Gristnogol er hybu heddwch o'r enw Cymdeithas y Cymod gan ryw 130 o bobl a gyfarfu yng Nghaergrawnt yn ystod pedwar diwrnod olaf 1914, gyda George M. Ll. Davies, un o heddychwyr mwyaf adnabyddus Cymru yn ystod hanner cyntaf yr ugeinfed ganrif, a'i gyfaill Richard Roberts. Bu iddynt gyhoeddi misolyn o'r enw *Y Deyrnas* o 1916 i 1919 o dan olygyddiaeth Thomas Rees, Prifathro Coleg Bala-Bangor. Fe welwch llawer o gyfeiriadau at y misolyn yn y dyddiadur.

Siegfried Sassoon

Efallai mai barddoniaeth rhai oedd wedi gweld erchyllterau'r Rhyfel gafodd fwyaf o ddylanwad i droi meddyliau ac yn eu plith, y mwyaf grymus oedd 'Datganiad Milwr' gan Siegfried Sassoon. Symbylwyd ef gan wladgarwch i ymuno gyda'r Ffiwsilwyr Cymreig ym mis Mai 1915 ac fe'i anfonwyd i Ffrainc ym mis Tachwedd. Yn fuan, cafodd ei arswydo gan realiti rhyfel a chafodd hynny gryn ddylanwad ar ei farddoniaeth; aeth ati i ddatgan gwirionedd hyll y ffosydd i gynulleidfa oedd cynt wedi eu suo gan bropaganda gwladgarwch.

Mae manylion megis cyrff yn pydru, coesau a breichiau llarpiedig, llwfrdra a hunanladdiad i gyd yn nodweddiadol o'i waith ar y pryd hwn gyda digalondid ynghylch yr hunllef a'r tor-calon y gorfodwyd y milwyr i'w ddioddef, yn baradocsaidd yn esgor ar ddewrder manig yn Sassoon ac fe gyflwynwyd medal iddo am ddewrder. Er gwaethaf hyn, penderfynodd, yn

1917, i wneud safiad yn erbyn y rhyfel. Ar ddiwedd cyfnod o seibiant yn dilyn salwch, gwrthododd Sassoon ddychwelyd i'w ddyletswyddau; yn hytrach, anfonodd lythyr at ei brif swyddog yn dwyn y teitl 'A Soldier's Declaration'. Cafodd ei anfon ymlaen i'r wasg a'i ddarllen allan yn Nhŷ'r Cyffredin. Yn hytrach na dwyn Sassoon o flaen cwrt-marsial, penderfynwyd ei fod yn anghymwys i wasanaethu ac fe'i hanfonwyd i Ysbyty Rhyfel ger Caeredin.

Pe bai Sassoon wedi bod yn filwr cyffredin – yn hytrach na bardd filwr – byddai wedi cael ei saethu am fod yn llwfr, does dim dwywaith am hynny – fel yn wir y digwyddodd i lawer, er i'r awdurdodau wadu hyn. Yn ddiweddarach, ysgrifennodd S O Tudor, stori am hunllef yr Orymdaith o Ffrainc i Cologne yn cynnwys stori am 'firing squad'. Gweler hanes Yr Efeilliaid 'Twin Brothers' yn dilyn Dyddiadur 1918.

Finished with the War: A Soldier's Declaration

I am making this statement as an act of wilful defiance of military authority, because I believe that the war is being deliberately prolonged by those who have the power to end it.

I am a soldier, convinced that I am acting on behalf of soldiers. I believe that this war, upon which I entered as a war of defence and liberation, has now become a war of aggression and conquest. I believe that the purposes for which I and my fellow soldiers entered upon this war should have been so clearly stated as to have made it impossible to change them, and that, had this been done, the objects which actuated us would now be attainable by negotiation.

I have seen and endured the sufferings of the troops, and I can no longer be a party to prolong these sufferings for ends which I believe to be evil and unjust.

I am not protesting against the conduct of the war, but against the political errors and insecurities for which the fighting men are being sacrificed.

On behalf of those who are suffering now, I make this protest against the deception which is being practised on them; also I believe that I may help to destroy the callous complacency with which the majority of those at home regard the continuance of agonies which they do not share, and which they have not sufficient imagination to realize.

July, 1917

S. Sassoon

Ffynonellau / Sources

History of The Welsh Guards – C. H. Dudley Ward (Antony Rowe Ltd. Chippenham Wilts., 1988)

The Sleepwalkers – Christopher Clark (Penguin, 2012)

A Broken World: Letters, Diaries and Memoires of the Great War – Sebastian Foulkes (Vintage, 2014)

Crefft, Cledd, Cennad – J. W. Jones (Gwasg Gomer, 1971)

Cymry'r Rhyfel Byd Cyntaf – Gwyn Jenkins (Y Lolfa, 2014)

Goodbye to all that – Robert Graves (Anchor, 1958 – Ail Argraffiad)

Forgotten Voices of the Great War – Max Arthur (Ebury Press, 2002)

Chambers Dictionary of World History (Hodder Education, 2005 – New Edition)

The Penguin Encyclopedia – gol. David Crystal (Penguin, 2006)

Chambers Biographical Dictionary: 9th Edition (Hodder & Stoughton, 2011)

Queen Victoria's Sketchbook – Marina Warner (Macmillan, 1981)

Siegfried Sassoon, The Journey from the Trenches – Jean Moorcroft Wilson (Routledge, Taylor & Francis, 2003)

The Politics of War – Walter Karp (Mt. Kisco, NY: Moyer Bell Ltd., 1979)

'Pocket Diary for 1918' – Pte. S. O.Tudor 3545

Dyddiadur 1919. Trawsgrifiedig gan ei wyres Anna Jane Evans

Mae'r nodiadau yn y Dyddiadur am 1918 sydd oddi mewn i'r blychau ysgrifennu naill ai yn ddyfyniadau o rai o'r ffynonellau uchod, neu'n sylwadau a wnaed gen i er eglurder. Mae dyfyniadau fy nhad yn y Dyddiadur mewn teip italig.

Rydym wedi ceisio cadw mor agos i'r dyddiaduron gwreiddiol ymhob sefyllfa a dim ond ar adegau prin wedi addasu. Oherwydd y prynwyd Dyddiadur 1919 yn Yr Almaen, rydym wedi cadw at ffurf Almaenig y gwreiddiol.

Huw Meilir Tudor
Chwefror 2018

Dyddiadur 1918

"Peace On Earth"

3545 Pte S. O. Tudor.
Signalling Section
Welsh Guards
Ranelagh Camp
Barnes
London S. W. 13.

Jan 1st 1918

He is the true and only
owner of this book.

Pte. S O Tudor 3545
No. 16 Platoon No. 4 Co.
1st Batallion Welsh Guards
B E F France

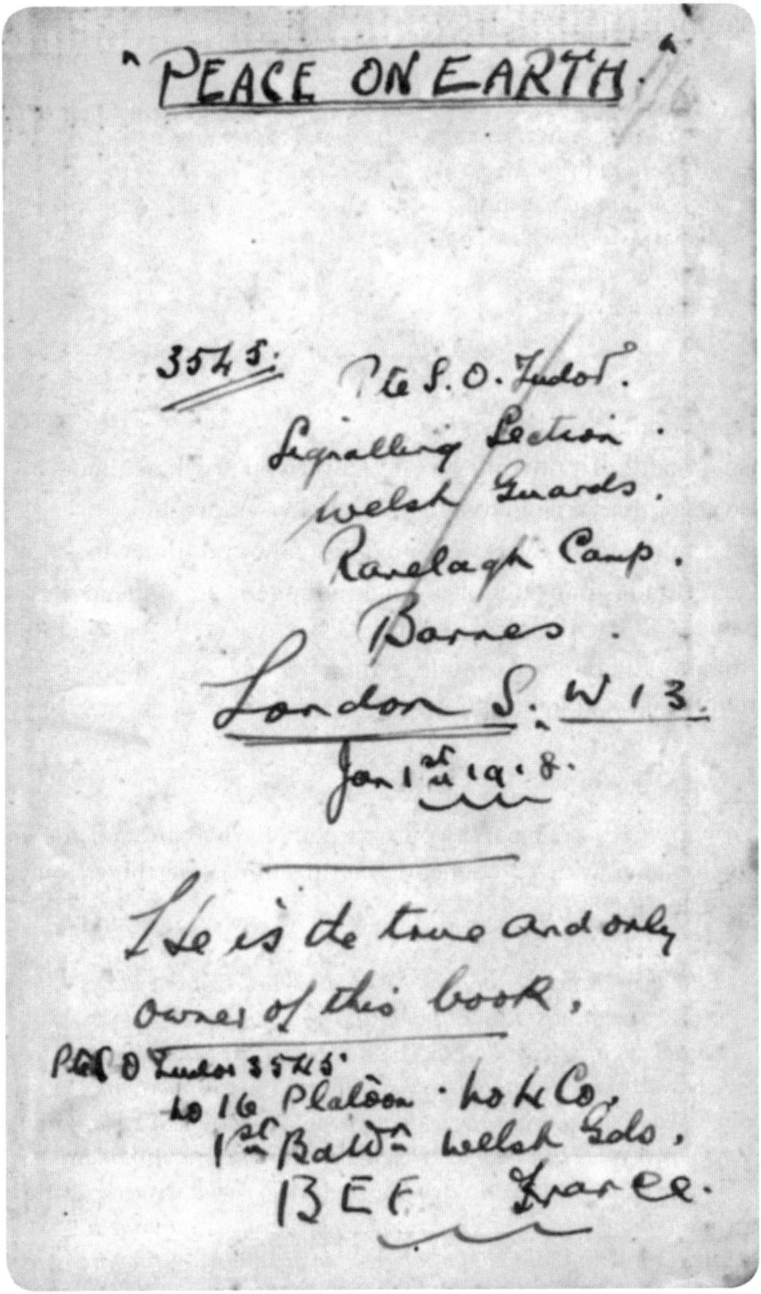

Tudalen flaen gwreiddiol Dyddiadur 1918

Memoranda

'Dan gysgod gwych y pren
Sy' a'i frigau uwch y nen,
Trig f'enaid byw;
Er gelynion rif y gwlith,
A swn y stormydd chwith,
Mi lechaf tano byth,
Fy noddfa yw.'

Bu'n noddfa i mi hyd yn hyn.

Bu'n noddfa yn nhymhestloedd chwerwon argyhoeddiad.

Bu'n noddfa yng nghyfyngderau ingol yr ymdrechfa.

Bu'n noddfa dan bwys y gelanedd ofnadwy oddi mewn.

Bu'n noddfa pan luchid iâ anghrediniaeth ac amheuaeth yn gawodydd trymion dros fy ysbryd.

Bu'n noddfa dan watwaredd dynion – a sychwyd eu poeri.

Bydded yn noddfa i mi yn 1918.

Yn rhifyn Rhagfyr o'r *Deyrnas* gwneir y sylw canlynol mewn perthynas i waith y Senedd yn difreinio'r gwrthwynebwyr cydwybodol:

Etto, drwg gennym am benderfyniad y senedd, oherwydd y credwn ym mhosibilrwydd daioni trwy wladwriaeth etto os gosodir hi ar seiliau diogel. Ymddengys y gwêl y llywodraeth y perygl, oblegid cynhiga gymedroli tipyn ar y penderfyniad gwreiddiol ond erys yr egwyddor yr un. A'r ddau beth melltigedig ynddi ydyw (1) Ei bod yn sylfaen i'r wladwriaeth ar amodau milwrol, na chaiff yr un dyn fod yn aelod o'r wladwriaeth oni fodlona i ryfela ac (2) Ei bod yn gwneyd y wladwriaeth yr awdurdod moesol uchaf i bob dyn, ac ar sail hynny yn erlid dynion am eu hargyhoeddiadau crefyddol.

Pleidleisiodd yr aelodau Cymreig dros ddifreinio ymhlith eraill: Ellis Jones Griffith, Vaughan Davies, Syr Alfred Mund a Syr Garrod Thomas.

1 January 1918   Tuesday

'Fy nhangnefedd yr wyf yn ei roddi i chwi.'

<u>Dydd Calan.</u> Dydd i wneyd penderfyniadau, i obeithio cael sylweddoli dymuniadau calon; ac i adeiladu ar ddisgwyliadau a chynlluniau. Dydd i geisio edrych yn bryderus i'r dyfodol, dydd y teimlir fod bywyd yn taflu ei gysgod o'i flaen: dyna'r dydd.

Beth amdanaf fi? 'Cyn yr un Dydd Calan etto, bydd llawer yn eu bedd', meddai yr hen gân, ganem yn blant. Nad yw hynny o gymaint bwys, gan fod yna Ddydd Calan yn hanes pob bedd. Y cwestiwn yw: beth sydd gennyf fi heno? A ydyw yn werth cychwyn blwyddyn arall? Oes yna nod? Oes yna rywbeth o'r tu blaen? Oes! 'Yr ydwyf yn cyrchu at y nod, am gael uchel alwedigaeth Duw yng Nghrist Iesu.' Ydyw, mae yn werth byw os wyf yn nesu at y <u>nod</u> hwn.

The memorable tea in that Ham & Beef Shop in Hammersmith. (3989. 3552. 3545) took place this afternoon. 'New Year's Day.'

3989 Gdsn. Thomas, W. (Caerdydd) Lladdwyd ar faes y gâd. 3552 Gdsn. Bartley, J. H. (Bodffari) 3545 Gdsn.Tudor, S. O. (Trefeglwys) – *Dyddiadur C.H.D.Ward.*

---

2 January 1918   Wednesday

General Roll Call in the morning.

My friend Williams reported absent.

I have come to 4, Erconwald St, Shepherd's Bush – and here I am now, about ready to return to billet.

The kindness extended to me here has been immeasurable

and it has filled a very interesting chapter in my army life, and has illuminated its darkness very much indeed.

The day has been as uneventful as it has been miserable. I was granted an extra parade by Lieut. 'Chico' Launders for wearing my belt wrongly – and spent a lot of valuable time in cleaning those numberless pieces of brass in preparation for a silly inspection at 4p.m. Thus has the New Year commenced.

3 January 1918   Thursday

'Cartref oddi Cartref' yn Falmouth Rd. Minnau yn mynd yno efo fy ewythr, D. J. Davies; ac yn ennill cyflog diwrnod (sef 1s) am adrodd y ffraetheb oreu.

Cael cwmni Idris Meredith a R. Jones i ddychwelyd. Cyrhaedd yn ôl hanner y nos.

> 'Yr Iesu a ddywedodd wrthi, na chyffwrdd a mi; oblegid ni ddyrchefais i etto at fy Nhad, eithr dos at fy mrodyr a dywed wrthynt. Yr wyf yn dyrchafu at fy Nhad i a'ch Tad chwithau, a'm Duw i a'ch Duw chwithau.'
>
> *Ioan XX: 17*

4 January 1918   Friday

Nos Wener. Mynd i Chelsea fel arfer ar ôl gorphen gwaith y dydd oddeutu hanner awr wedi saith. Heddyw daeth rhifyn Rhagfyr o'r *Deyrnas* i'm llaw, ac wele ddyfyniad ohono, o waith Cernyw:

> '*O, enfawr wewyr mae'n fôr o waeau*
> *Aeth llawer truan o dan ei donnau;*
> *Cwyd ei frawychus, wgus wanegau,*
> *I roi celanedd wna'n rhwyg galonnau,*
> *Ofn o hyd sydd yn dyfnhau, – yr awel*
> *Wyla yn isel am alanasau.*'

S O Tudor yn 1918 yn Llundain gyda'i ewythr, D J Davies, cyn ymadael am Ffrainc.

5 January 1918   Saturday

'Come unto Me.'

This morning the daily papers had for their headings such phrases as the following, which is the exact wording of the *Daily Express's* heading: 'Let tomorrow be a day of sincere prayer.'

Tomorrow has been appointed by Royal Proclamation as a day of Prayer and Thanksgiving throughout the land, and it will doubtlessly be observed accordingly.

But it sounds antagonistic to think of asking our Loving God for a blessing on British arms, which are supported by the money of large monopolies, gained by sweated labour and soaked in the blood of innocent men. It is almost idle to think of asking God to give a country in which Drink reigns supreme a decisive and crushing victory.

It is almost impossible, living in the light, to ask the Prince of Peace to support War: but Oh! We can turn our hearts unto Him – all the ends of the Earth.

6 January 1918   Sunday   EPIPHANY

'A chwi gewch orphwys yn ei gôl,
Yn nhragwyddoldeb maith sy'n ôl.'

Dyma'r dydd – wedi agor ac wedi cau; wedi dod ac wedi mynd; ac wedi gadael ei genadwri gobeithio yn ddwys barhaol ar galonnau'r miliynau.

Un digwyddiad pwysig ac awgrymiadol a gymerodd le heddyw oedd i dafarnau Lloegr gael eu cau drwy'r dydd – bu un o ddrysau uffern ynghau.

Tybed mewn difrif, wedi'r cwbl, fod gan y byd fwy o barch i ddifrifwch y cyfyngder nac aelodau Eglwys y Duw byw, oherwydd deallaf fod rhai o'u masnachdai hwy yn agored!

Cawsom ddwy bregeth dda iawn heddyw yn Hammersmith gan Mr Knoyle, y Gweinidog, ac fe gyhoeddwyd y bydd cyfarfodydd gweddi'n cael eu cynnal bedair noswaith yr wythnos hon.

Dyma fi ar lawr yr ystafell yn llenwi y dyddiadur am y dydd. Y dydd a benodwyd i Brydain Fawr ymostwng gerbron Barnydd yr holl ddaear. Rhaid i mi gau fy nyddiadur cyn dywedyd dim am ei bwysigrwydd na'i ddylanwadau.

7 January 1918   Monday

Britain and Peace

On Saturday Mr Lloyd George defined the war aims of the Allies in an address to the delegates of the Trade Unions met in Conference at The Central Hall Westminster to consider the Man-Power Bill. I have just read the Premier's speech and only wish it were possible for me to quote it in full; there is however but room for one sentence:

'The crushing weight of modern armaments, the increasing evil of compulsory military service, the vast waste of wealth and effort involved in warlike preparation – these are blots on our civilisation of which every thinking individual must be ashamed.'

The Prime Minister said that three conditions must be fulfilled:

'Firstly, the sanctity of treaties must be re-established; secondly, a territorial settlement must be secured based on the right of self-determination or the consent of the governed; and lastly, we must seek by the creation of some international organisation to limit the burden of armaments and diminish the probability of war.'

8 January 1918   Tuesday

Invocation

'Come down from Heaven to meet me when my breath
Chokes, and through drumming shafts of stifling death
I stumble toward escape, to find the door
Opening on morn where I may breathe once more
Clear cock-crow airs across some valley dim
With whispering trees, while dawn along the rim
Of nights horizon flows in flakes of fire
Come down from Heaven's bright hill,
My song's desire.

'Come down from Heaven and bring me in your eyes
Remembrance of all beauty that has been
And stillness from the pools of Paradise.'

Siegfried Sassoon in The Nation, *Jan 5 1918*

Attended prayer meeting in Hammersmith.

9 January 1918   Wednesday

Y Gwrthwynebwyr Cydwybodol
'Hedd ddeiliad doed a ddelo – a'i asgre'n
Dystysgrif i'w gredo!
Dyn a'i gledd o hyd dan glo
Er i wlad ei erlidio.'

Ifan Afan

Mae eira ar y ddaear, ac mae'r awel yn finiog.
Yr wyf yn bwriadu mynd i Shepherd's Bush am dro.

10 January 1918   Thursday

Mae wedi mynd yn hwyr; ac mae'n bryd i minnau fynd i gysgu, mae yna ddiwrnod maith a phrysur o'm blaen yfory, ac mae blinder heddyw ar fy ngwarthaf – gorph ac ysbryd.

Bûm mewn Seiat heno yn y Capel, ac ar ôl y Cyfarfod bûm yn nhŷ Mr R. Evans yn cael swper – a'r canlyniad yw ei bod yn hwyr arnaf, fel y dywedais. Ond un peth sydd raid i mi ei wneud, sef sylw o'r ffaith mai pedair blynedd i heddyw y bu farw fy Annwyl Fam; ac yr wyf wedi cofio hynny laweroedd o weithiau yn ystod y dydd, a'r peth gore fedraf ei wneud ydyw ysgrifennu yr Emyn a ddywedodd bedair blynedd i heddyw, am y tro olaf ar y ddaear, ond sicr gennyf ei bod wedi ei seinio filoedd o weithiau er hynny – mewn purach iaith.

'Fy Nuw, fy Nhad, fy Iesu,
Boed clod i'th enw byth;
Doed dynion i dy foli
Fel rhif y bore wlith;
'O! na bai gwellt y ddaear
Oll yn delynau aur,
I ganu i'r Hwn a anwyd
Ym Methlem gynt o Fair.'

11 January 1918   Friday

I have just returned from a big scheme in Richmond Park. We got back to our billet by 10p.m. having been stuck at our stations all day, except for a break from 3 to 5p.m. for dinner and pay. I have done quite a lot of running about, and naturally feel more like 'getting down to it' than anything else. Nevertheless, the scheme was very interesting, and it certainly afforded us an opportunity for encountering some of the difficulties in keeping communication across a large stretch of country. We signalled by Telephone and Visual.

Good night to the World.

I throw my weary soul into His Peace – that its strife may be soothed, and all within be calm.

12 January 1918   Saturday

Extracts from the speech of Prince Max of Baden: quoted from *The Nation* Jan 12th.

The perusal of that noble, inspiring, statement would do much to quench the belligerent nations of Europe's thirst for blood and power; and bring men to a mutual understanding on the common ground of peace and goodwill.

'Power alone cannot assure us the position in the world which we consider due to us. The sword cannot destroy the moral oppositions which have arisen against us. If the world is to be reconciled to the greatness of our power it must feel that there is a world conscience behind it. But there can be no doubt that the longer the war lasts, the harder will be the rebirth.'

Tonight – or this afternoon – I went to Hackney to visit Mr D. Jerman & Miss Jerman.

I enjoyed the evening immensely.

13 January 1918   Sunday 1 AFTER EPIPHANY
Bore heddyw mynd fel arfer i Gapel Hammersmith. Y Parch. Wynne Evans, Dalling Rd. yn pregethu yno ar 'Efengyl y llawr dyrnu'.

Bûm yn Chelsea y prydnawn, a'r nos i Hammersmith drachefn. Y Parch. John Thickens yn pregethu ar demtiad yr Arglwydd Iesu.

Y Gwaredwr wedi gwneyd darganfyddiad yn yr anialwch, sef y gallu i ddioddef. Ninnau wedi gwneyd darganfyddiad yn anialwch y rhyfel; a dyna yw, wedi darganfod ein gallu i ddioddef.

14 January 1918   Monday
Eira ar y heolydd – a rhew yn yr awyr.

'A fearful responsibility rests upon those who have to guide the destinies of the peoples. All have to share this burden who are living through the war at home with senses alert and burning hearts. Everywhere the forces of salvation are listening for each

other, everywhere the world is weary of the moratorium of the Sermon on the Mount. Humanity longs that its end shall come before the war ends.

'It must be that we depart from this coarsening before the war ends.'

Prince Max of Baden

15 January 1918   Tuesday

Yesterday, Sir Auckland Geddes (The Minister for National Service) in the House of Commons introduced the new Man-Power Bill. The chief points are the following:

Age limit not raised.
No conscription in Ireland.
420,000 more men for the Army.
439,000 more men for National Service.
The Empire has raised 7,500,000. 7 ½ million men.

Such are our preparations; but listen!

'Meanwhile one notes a significant change in the psychology of the war. The military element has almost gone out of it. The immense stir and bustle of war … preparations do indeed go on. But they are hardly noted. The economic factor overshadows them.'

The Nation, *Jan 12th*

Tonight I went to Kensington to find the people out.

Y Nation oedd un o'r ychydig gyhoeddiadau Saesneg oedd yn fodlon cyhoeddi beirniadaeth o'r rhyfel.

16 January 1918   Wednesday

Eira mawr. Tywydd garw.

17 January 1918   Thursday

Dyma fi yn barod i gychwyn i Gymdeithas Ddiwylliadol Capel Hammersmith. Disgwylir dadl lew â Chymdeithas Walham Green ar 'Pa un ai Gwaharddiad a'i Cenedlaetholiad y ddiod feddwol fyddai y mwyaf manteisiol?'

'Ac edrychwch arnoch eich hunain, rhag i'ch calonnau un amser drymhau trwy lythineb a meddwdod, a gofalon y bywyd hwn, a dyfod y dydd hwnnw arnoch yn ddisymwyth.'

Luc 21: 34adn.

18 January 1918   Friday

Weekly Tests.

Tonight with J. H. Bartley I went to St. James' Theatre, and saw 'Charley's Aunt'. All need be said about it was that it reached my expectations – but did not excel them – which of course were not very high.

19 January 1918   Saturday

'These are some of the things that cut deep into our British ideas of fairness. These things are not fair, and far as I am concerned I would much rather not a single other man was given to the military authotities until they knew how to use them.

'I think I can trust myself to say what I have to say now in respect of War Office methods – this cast iron, red-tape method – the soullessness of it.'

Mr G. Smallwood MP in a speech in the House of Commons yesterday, which was a scathing indictment of the War Office and our devilish military system.

20 January 1918   Sunday

Mynd i Shep. Bush neithiwr a chysgu yno. Mynd i'r Ysgol i Ham'smith y prydnawn – ac aros yno heno. Y Parch. Francis Knoyle yn pregethu oddi ar Luc X a'r 27 adn.

Wel, dyma fi wedi dychwelyd i fy ystafell ac wedi mynd i fy ngwely. Mae fy nghalon fel dur, am hysbryd fel adamant.

Yr wyf mewn dyffryn du, ac o fy mlaen mae 'y mynyddoedd tywyll', ac yr wyf yn ofni yn fynych taro fy nhroed wrthynt. Mae fy nghlustiau yn merwino gan drwst cerbydau aneirif yn prysuro ar garlam tua dinistr, ac mae y 'llais dwyfol tawel distaw' wedi mynd o'm clyw. Mae golygfeydd y nefoedd a gogoniant y byd a ddaw yn ymddisgleirio o'm cwmpas, ond yr wyf fi yn ddall ac yn druenus.

21 January 1918   Monday
S. M. S. Scheme on Barnes Common.

It was carried out very satisfactorily. Mr Saunders expressed his satisfaction in admirable praise of each individual man's ability to do his own work.

Tonight I have written to Cadet H. Ll. Leach. Cadet D. E. Evans and Cpl. Taylor. Gren. Gds.

Bed.

22 January 1918   Tuesday

'Ah! Must –
Designer infinite! –
Ah! Must Thou char the wood ere Thou canst limn with it?

'The pulp so bitter, how shall taste the rind?
I dimly guess what Time in mists confounds.'

From 'The Hound Of Heaven'

Heno bwriadaf fynd i'r Cyfarfod Gweddi wythnosol yn Hammersmith.

23 January 1918   Wednesday
Dim byd neillduol iawn.

Mynd i Chelsea heno.

24 January 1918   Thursday

Classification.

The above took place today and we understand that we all passed and have been classified as 1st Class signallers.

The test was very easy, and very much simpler in every respect than our weekly examinations. We read the lamp, flag, disc and buzzer; went through a little flag drill which included but one alphabet and the long numerals; and wrote a short paper: i.e. 5 questions on signalling including the O I M telephone. We also passed in sending on the lamp and the buzzer. The Examiner was a Capt. from Signalling School.

25 January 1918   Friday

Scheme in Richmond Park.

26 January 1918   Saturday

Another draft Leave.

We were kept hanging about for our passes until 1.15p.m.; and it was only through very great hurry and running I caught the 2p.m. train in Paddington. I did manage it however, with about 3 minutes to spare, and consequently I am now at home once more, and filling in my diary in a decent bedroom before going to rest for the night.

Father and the six of us are at home this evening.

27 January 1918   Sunday

Mynd i Gapel Gleiniant y bore.

Cyfarfod Gweddi yno. Richie Williams, Caewhildin, adref am 14 diwrnod o Ffrainc.

Dod i fyny'r prydnawn i Braichyfedw i de; a Chapel y Graig y Nos. Y Parch. W. G. Jones, Neuadd, yn pregethu ar Cymundeb yno.

Mynd i Lwynygog i swper ac i'r Felin ar ôl hyny, ac aros yno tan dri or gloch y bore, yng nghwmni David Jervis a'i wraig ac Evan R. Owen.

Gwledd o'r fath oreu.

28 January 1918   Monday

Cysgu yn Llwynygog neithiwr ar ôl brecwast mynd i Nantyrhafod, a threfnu dipyn ar fy nhŷ – sef mynd drwy gynnwys dyddorol dwy 'drawer'.

Dod i Croesuchaf prydnawn ar ôl galw yn Pantyrhedyn.

Yr wyf eisiau mynd i Aberbiga yn awr.

'Fe'm siomwyd gan y ddaear.
Fe'm siomwyd gan y byd
Fe'm siomwyd gan fy nghalon
Yn fwy na rhain i gyd.
Mewn myrdd o demtasiynau
A mil o groesau'r llawr
Ni safodd neb yn ffyddlon
Ond fy Eiriolwr Mawr.'

29 January 1918   Tuesday

Claddedigaeth John Jones, Rhydyronen.

Dod i lawr y prydnawn.

Mynd i Gilhaul.

Hugh a Evan R. Owen yn dod heibio.

Tom Bennett yma hefyd.

30 January 1918   Wednesday

Bore Dydd Mercher.

Dyma fi yn eistedd wrth y tân, newydd gael fy nghinio. Byddaf yn cychwyn yn ôl ymhen rhyw ugain munud.

Y tywydd yn hyfryd.

Y daith yn bell.

Y galon yn isel.

Cyrhaedd yn ôl.

31 January 1918   Thursday

Dense fog.

On parade at 6.45a.m. With the sick. Examined at 8a.m. by the Medical Officer.

Warned for service overseas.

Paraded at 9a.m. with the battalion, did Company drill on the barrack square.

In the afternoon, we showed kit in the Camp, had some of our clothing changed, etc. and got our rig in preparation for readiness.

Visited 80, Sloane Avenue in the evening, and am at present thinking of returning again to billet.

Three more clear days in 'Blighty'.

1 February 1918   Friday

Lecture on the Fullerphone.

Handed in our spare kit.

Visited 80, Sloane Avenue again – changed into clean washing.

Accounts of great unrest in Germany.

About a million strikers.

Hamburg and Berlin under Martial Law.

'Yna y dywedodd yr Iesu wrthynt hwy drachefn. Yr wyf fi yn myned ymaith a chwi a'm ceisiwch i, ac a fyddwch feirw yn eich pechod: lle yr wyf fi yn myned, ni ellwch chwi ddyfod.'

Ioan 8: 21

2 February 1918   Saturday

I am sitting now in Lyons Restaurant Cadby Hall, West Kensington, just had tea, and have been looking over some letters before despatching them.

I have also carefully examined contents of my pocket book, and found two or three things I thought it wise to send home.

This winding up of one's minor little belongings brings to my mind an acute sense of anguish and makes me feel that I am going to face quite a new mode of life. A few photographs which I retain have been addressed to certain people should they be at one time picked up on a 'death ridden battlefield'. I have another full day in England, and thank Heaven it is the Sabbath.

3 February 1918   Sunday

Dyma fi wedi treulio fy niwrnod olaf am dymor o leiaf yn y wlad hon, ac yr wyf wedi cael diwrnod hyfryd mewn gwirionedd. Bûm yng Nghapel Hammersmith dair gwaith. Y Parch. Glyn Jones, Stratford yn pregethu'r bore a'r Parch. Francis Knoyle yno y nos, yn Gweinyddu yr Ordinhad o Swper yr Arglwydd.

Bum yn Shepherd's Bush yn cael cinio, te a swper, a ffarweliais â hwy heno.

Ie: dyna'r dydd – fel ag y'i treuliwyd gennyf. Teimlaf fy mod yn analluog i sylweddoli yr hyn sydd o fy mlaen; ac yr wyf yn ofni fy mod yn rhy ddifater o lawer o'r ffaith bwysig fy mod yn wynebu pob anghysuron, a chyfyngderau a phob anhunedd a themtasiwn, a hefyd Angau ei hunan a'i gleddyf noeth yn ei law. Beth a wnaf? Mi a wn beth a wnaf! Rhoddaf fy maich i gyd, a'm henaid tlawd i'r Iesu pur dros byth.

4 February 1918   Monday

Cychwyn.

Un ar ddeg ohonom – 'signallers' – yn cychwyn i Ffrainc: sef 1152 L. Pritchard. 3747 Nutchell A 3809 Baker H. 2656 Lewis F. R. 3521 Williams J. G. 3552 Bartly J. H. 2694 Weston W. 3783 Jenkins D. Y. 3825 Holmes J. L. 3784 Gray D. A. a minnau 3545 Tudor S. O.

Yr wyf yn awr yn y trên rhwng Waterloo a Southampton; fe ddaeth fy ewythr Jim i Waterloo i fy ngweled i ffwrdd. Dyma fi yn cael mynd o'r diwedd.

Yr ydym wedi bod yn canu:
'Pan ddelo plant y tonnau
Yn iach o'r cystudd mawr.'
Un o blant y tonnau wyf fi – ond byddaf foddlon os delir fy mhen yn uwch na'r don.

Gorwedd heno ar fwrdd *Y King Edward* – a chysgu.

Mae *History of the Welsh Guards* yn cofnodi'r canlynol fel Guardsmen:- 1152 L. Pritchard. [Llantrisant] Wounded; 3809 Baker H. [Birmingham]; 2656 Lewis F. R. [Narberth]; 3521 Williams J. G. [Blaenau Ffestiniog]. Wounded; 3552 Bartley J. H. [Bodfari]; 2694 Weston W. Wolverhampton. Died of sickness; 3783 Jenkins D. Y. [Brecon] Wounded; 3825 Holmes J. L. [Nuneaton]; 3784 Gray D. A. [Cirencester] Wounded; 3545 Tudor S. O. [Trefeglwys].

5 February 1918   Tuesday
Codi, cael te a 'biscuits', a glanio.

Gosod fy nhraed ar ddaear Ffrainc a gorymdeithio drwy heolydd budron un o'i threfi, ac mae ychydig funudau yn y wlad hon yn ddigon i ganfod iselder eu moes, a budreddi ei bywyd.

O'r funud y troediais y tir hwn, yr wyf yn gobeithio y bydd Un arall yn troedio gyda mi, ac nid gyda mi yn unig, ond ynof fi, a thrwof i, odanaf i, ac uwch fy mhen i. Gobeithio hefyd y gwêl Ef yn dda yn Ei anfeidrol dosturi beidio fy nghadw yn hir iawn yn y wlad yma, a'm dwyn yn ôl mewn diogelwch. Uwchlaw popeth, yr wyf yn dyheu am gael teimlo gwres angerddol Ei gariad.

I am at the Guards Division Base Depot. Le Havre.

Heno yn y Y.M.C.A. cyfarfod E. R. Morgan, Cilcwmfach.

6 February 1918   Wednesday
Pabellu.

Ar 'fatigue' heddyw.

Y Caplan A. G. Gault yn cynnal cenhadaeth tri niwrnod yn y gwersyll hwn.

'Rhof fy nhroed ar fan a fynwyf
Ar sigledig bethau'r byd
Ysgwyd mae y tir o danaf
Darnau'n cwympo i lawr o hyd.
Ond os caf fy nhroed i sengi
Yn y dymestl fawr a'm chwyth,
Ar dragwyddol Graig yr Oesoedd
Dyna fan na sigla byth.'

Y Caplan A. G. Gault yn annerch yn y Y.M. heno ar y geiriau yn Jeremiah, 'Darfu yr haf, y cynhaeaf a aeth heibio'.

7 February 1918   Thursday

A Lament

'O World! O Life! O Time!
On whose last steps I climb,
Trembling at that where I had stood before;
When will return the glory of your prime
No more – O never more.

'Out of the day and night
A joy has taken flight:
Fresh spring, and summer, and winter hoar
Leave my faint heart with grief, but
With delight no more – O never more.'

P. B. Shelley

'What is morality? A conformity to a human standard of living.
What is religion? An unceasing effort after a divine ideal.'

The Rev. A. J. Gault, Lost Night

8 February 1918   Friday
No 'fatigue'.

Mounted Camp Prison Guard at 4.30p.m. Climbed up a steep hill in 'marching order' and posted on No.1 post from 5.30 until 7p.m.

9 February 1918   Saturday

On sentry again from 11p.m. to 1a.m. from 5a.m. to 7a.m., from 11a.m. to 1p.m. and from 5p.m. to 5.30p.m.

Down the hill to our tents.

Supper. A chat with Private Ball.

Bed.

10 February 1918   Sunday

Dining Hall 'fatigue'.

Heno mynd i'r Y.M. ac i blith cwmni o Gymry – y rhan fwyaf ohonynt yn yr R.G.A. Cyn bo hir dechreuasom ganu, canu yr hen emynau nefolaidd, ac yn eu plith:

> *'Golwg arno wna i mi ganu*
> *Yn yr afon ddofn hon.'*

Yr wyf yn awr yn y gwasanaeth sydd yn dechreu; maent yn canu:

> *'Praising my Saviour all the day long.'*

Fe anerchir y cyfarfod gan Major Gault.

11 February 1918   Monday

Sergeant's Mess Fatigue

> *'Yr ochr draw i'r anial hyn*
> *Lle nad oes niwl na ffos, na llyn*
> *Ond haul yn codi foreu clir.*
> *Rwyf yn hiraethu bod fy lle*
> *Yn agos i gynteddau'r ne'*
> *Ar sanctaidd nefol, hyfryd dir.'*

Cyfarfyddais Evan Richard Morgan nos Fawrth diweddaf yn y Y M. Yr wyf yn ei gofio yn blentyn yn gadael Penygraig lle y'i ganed. Un o'm cofion cyntaf ydyw am gladdedigaeth ei fam ar ddiwrnod o law taranau a mellt.

Yr wyf yn cofio cwrdd yr angladd ar borfa Dolgwyddel wrth fynd adref o'r Ysgol.

Cwrdd yn Ffrainc.

12 February 1918   Shrove Tuesday

Sergts. Mess again.

The men of the Day are:-
    President Wilson
    M. Trotsky
    Mr Lloyd George
    M. Clemenceau
    Count Czernin
    General Allenby
    Hindenburg

Tonight I paid a visit to the Salvation Army Hut and here I find Everything to the soldier's comfort.

13 February 1918   Ash Wednesday

Heno cawsom Gyfarfod Gweddi Cymraeg mewn ystafell fechan yn y Y.M.C.A. Yr oedd naw yn bresennol – un ohonynt yn Sais. Cymerodd Mr Jones R.G.A arweiniad y Cyfarfod.

'Ond y mae efe yr un, a phwy a'i try ef? A'r hyn y mae ei enaid ef yn ei chwenychu, efe a'i gwna. Canys efe a gyflawna'r hyn a osodwyd i mi; ac y mae ganddo lawer o'r fath bethau. Am hyny y dychrynais rhag ei ofn ef: ystyriais, ac ofnais ef.'

Job 23: 13–15

14 February 1918   Thursday

'Science has invented a whole system of warning touching the disturbances and calamities of nature. The seismograph

*is an alarum proclaiming the stealthy steps of earthquake
and volcano. Weather charts inform concerning cyclonic
disturbances. A variety of sensitive barometers indicate
atmospheric variations, and thus the mariner and miner are
warned of impending peril.*

*But no instruments are fine enough to detect the approach of
the tempests and earthquakes which wreck human fortunes, no
storm drum warns us into safe harbours.'*

Dr W. L. Watkinson

Kit inspection & preparations for the <u>line</u>.

15 February 1918   Friday

Pererindod.

Left the Base at 11a.m. Marched with a donkey's load, on a muddy road about 5 miles to Le Havre. Boarded on cattle truck at 4p.m. Once there. 2a.m. now.

Slept in the truck – about 30 of us.

I tossed about, shivered, turned over in the night more than anything else. Sometimes resting on the point of the bayonet sometimes on the edge of a steel helmet.

16 February 1918   Saturday

Left the truck about 4p.m., after a 24 hour's ride.

Comment on the places touched had better be withheld.

Arrived in the reinforcement camp about 5.30p.m. after a march from the station.

Dyma fi o'r diwedd yng nghlyw y gynnau – yn sŵn y Rhyfel.

Yr wyf yn flinedig gorph ac ysbryd. Mae fy nhroed yn boenus dros ben, ac mae'r dyfodol yn ddu fel y bedd.

Yr ydym wedi rhoi ein gwelyau i lawr mewn 'bivouac' ac mae rhew-wynt deifiol yn ysgythru drwy ei aneirif rigolau.

Yr ydym newydd gael gorchymyn i fod yn barod am ddiwrnod prysur odiaeth yfory.

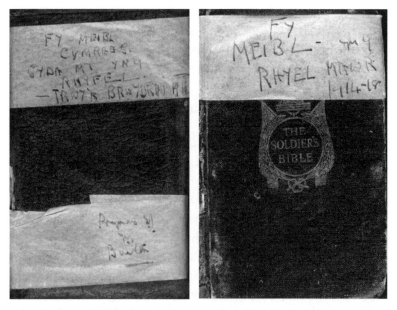

Dau Feibl S O Tudor. Un Cymraeg a'r llall yn Feibl Saesneg a roddwyd i bob milwr gan Y Brenin.

Wel yn awr, fy enaid tlawd, beth a wnei di? Mae fy angen yn anfesurol.

17 February 1918   Sunday

Breakfast Roll Call parade 7.15a.m.; C.O's inspection in S.M.O. at 9.30a.m.; Gas Instruction at 10.15 a.m. to 11.30a.m.; Medical Inspection 11.30a.m.; Kit Inspection at 12.15a.m.

Heno deuthum i'r Church Army Hut i'r cyfarfod yno. Yfory yr wyf yn mynd i fyny at y gatrawd. Mae fy meddwl gyda fy nghyfeillion gartref, sydd yn awr yn mwynhau Efengyl gogoniant y bendigedig Dduw – *o sŵn y byd a'i boen*. Nis gwn beth i'w ddweyd – mae baich trwm ar fy nghalon. Teimlaf fy mod wedi cael diwrnod caled ac fod gweddïo yn anhawdd!

O am funud o edrych ar Oen Duw, yr Hwn sydd yn tynu ymaith bechodau y byd. O! am un ymweliad grymus.

'Y cyfiawn a fydd byw trwy ei ffydd.'

Yr wyf finnau'n marw. O! am nerth i orchfygu; i ddal i fyny, i gario'r groes, ac i oddef gorthrymder!

18 February 1918 Monday

'Oherwydd y garreg a lefa o'r mur,
a'r trawst a'i hettyb o'r gwaith coed.'

Gwneyd ein hunain yn barod etto am daith. Byddwn yn cychwyn oddiyma oddeutu 2 o'r gloch.

Mae fy nhroed lawer yn esmwythach, ac yr wyf yn teimlo yn fwy calonog. Ond y mae yna wacter mawr iawn y teimlaf y dylid ei lenwi. Teimlaf yn hynod o analluog ym mhob ystyr. Yn analluog i helpu fy hunan o gwbl. Cefais sgwrs ddifyr â Pte. Cliff Gren. Gds. a Pte. Frank Shambrook. Colds. Gds. Ym mha rai y soniem am addewidion cysurlon Ein Tad nefol. O! am gael pwyso arnynt.

'Gwae a adeilado dref trwy waed, ac a gadarnhao ddinas mewn
anwiredd! Wele, onid oddi wrth Arglwydd y lluoedd y mae, bod i'r
bobl ymflino yn y tân, ac i'r cenhedloedd ymddiffygio am wir wagedd.'

Habacuc 2: 12–13

19 February 1918 Tuesday

Cyrhaedd tref adfeiliedig neithiwr oddeutu 6 o'r gloch, a chysgu yno noswaith.

Bore heddyw cyn amser codi, daeth Sergeant i mewn i ddweyd fod eisiau tri dyn ohonom i fynd i fyny'r line i gymeryd lle tri arall. A chyda Bartley a Williams mi ddeuthum i fyny, i'r gell dan-ddaearol hon ymha un yr wyf yn ysgrifennu. Deuthom i fyny y rhan fwyaf o'r ffordd mewn cwch ar hyd canal, a heno byddaf yn mynd i fyny ar fatigue i'r front line i'r ffosydd blaenaf. Dyma'r diwrnod cyntaf i mi yn y Rhyfel ac o hyn ymlaen Rhyfel fydd hi arnaf. Yma'r arhosaf.

'A rodio'r ffordd pe byddent ynfydion, ni chyfeiliornant. Eithr y rhai gwaredol a rodiant yno.'

Es. 35: 8–9

Tref adfaeledig: tebygol mai Fampoux yn agos i'r ffosydd o flaen Arras.

---

20 February 1918   Wednesday

Dychwelyd ychydig cyn hanner nos neithiwr a gorwedd yn y 'dug-out'.

Bore heddyw bûm ar fatigue, a heno mae'n debyg y byddwn yn mynd i fyny etto i'r ffosydd ar yr un gwaith â neithiwr, sef dyfnhau mannau neillduol.

Mae rhyw sôn y byddwn yn mynd yn ôl i'r dref oddeutu hanner y nos heno.

Profiad rhyfedd oedd gweld y dynion yn pasio i fyny a'u beichiau ar eu cefnau, a gweld goleu'n cael ei daflu i'r awyr, a'r 'shells' yn disgyn ac yn tanio.

Mynd yn ôl i'r dref. Cyrraedd yno oddeutu 1 o'r gloch y bore a gorwedd mewn seler.

'Pob wyneb a gasgl barddu.'

Disgrifiad o'r ffosydd yn Ionawr yn *History of the Welsh Guards*: 'As fast as they threw the sloppy mud out of the trench it fell in again … must have men with ropes to pull his platoon out. Men were actually above their knees in mud.'

---

21 February 1918   Thursday

I'r ffosydd etto heno. Dychwelyd i'r dref.

'Efe a gauodd fy ffordd, fel nad elwyf drosodd: Y mae efe yn gosod tywyllwch ar fy llwybrau.'

Job 19: 8

'Canys myfi a wn fod fy Mhrynwr yn fyw, ac y saif yn y diwedd ar y ddaear.

Job 19: 25

53

22 February 1918 Friday

Codi – cael ein 'drillio' y bore.

'Wele, ceraist wirionedd oddi mewn; a pheri i mi wybod doethineb yn y dirgel.'

Annas

'Gwared fi oddi wrth waed, O Dduw, Duw fy iachawdwriaeth, a'm tafod a gan yn llafar am dy gyfiawnder.'

Psalm 51.

'A galw arnaf fi yn nydd trallod mi a'th waredaf, a thi am gogoneddi.'

Ps. 50. 15

'On February 22nd the enemy again attempted to raid the battalion at a point north of Roeux ... the battalion held some two thousand yards of front with three companies.' *Dyddiadur C.H.D.W.*

23 February 1918 Saturday

Y Parch. Lidney Berry yn darlithio yn y Y.M.C.A. ar Abraham Lincoln.

Neithiwr bûm yn y gwarchffosydd drachefn. Yn cludo 'barbed wire' i'r ffosydd blaenaf, ac yn ei osod i fyny yng ngoleu llwyd y lloer. Yr oedd y gelyn yn anfon goleu i'r awyr, nes oedd popeth yn amlwg, ac yr oedd y bwledi yn chwibianu heibio a marwolaeth yn hofran yn yr awyr, ac yr oedd y maes yn unig, ac yn farwol ddigalon. Byddaf yn mynd i fyny yno etto heno a baich ar fy nghefn a chroes ar fy nghalon. Yr wyf yn teimlo fod prawf llym yn cael ei roddi arnaf, ac yr wyf yn teimlo fy mod yn ei ddal yn wael iawn.

Yr wyf yn chwerwi, ac yn digio, ac yn blino, mae'r dynion sydd gyda mi yn fy ngwawdio ac yn fy nirmygu ac yn fy ngalw yn bob enwau.

O! am nerth i ddal y pwys. Yr wyf yn torri i lawr, fy nhymer yn mynd yn yfflon – a phob gobaith yn darfod.

24 February 1918 Sunday

Y trydydd Sabath yn Ffrainc – a dyma fel y'i treuliais. Y bore gorymdeithio i wasanaeth Ymneillduol yr hwn a gynhelid mewn llofft eang ymhen tŷ uchel yn un o heolydd anghyfannedd y dref hon. Ar ôl y gwasanaeth buom yn dangos ein drylliau, ac ar ôl cinio awd â ni i gael 'bath' a dillad glân. Ar ôl te euthum allan efo'r 'fatigue party' mewn 'trucks' ar hyd y rheilffordd fechan fel arfer tua'r 'line'. Cludasom wifrau pigog a pholion haiarn yn feichiau ar ein cefnau i ymyl y ffosydd blaenaf a buom yn ei osod i fyny yn y fan honno. Edrychais ar fy oriawr ar fy ngwaith yn mynd i'r ffosydd ac yr oedd yn bum munud i saith, a chofiais fod fy nghyfeillion a'm brodyr gartref yn mwynhau yr Efengyl; a minnau'n flinderog yn cerdded tua'r llinell dân. Wrth fynd i fyny yr ail waith cyfarfyddais gorph un o'r milwyr yn cael ei gario allan – ac aeth ias o'r braw drwy fy enaid.

Cludo'r clwyfedig drwy dir lleidiog ger Boezinge, Awst 1917

© Imperial War Museum

25 February 1918 Monday

Dychwelais neithiwr am ddau o'r gloch y bore i'r ystafell hon y gorweddwyf, ac mae meddyliau dieithr yn codi ynof y bore yma – mae'r dydd etto yn ieuanc ond mae atgofion neithiwr yn glynu wrthyf. Ar fy siwrnai nosawl yr wyf yn pasio dwy neu dair o fynwentydd y milwyr Prydeinig, ac aml fedd unig a chroes wrtho ar ben ei hun heb fod mewn mynwent o gwbl. Eithr ar <u>bob</u> bedd mae yna <u>groes</u>; bedd yr adyn tynghedig, garw, a bedd y bachgen ieuanc, ufudd, tyner galon. Pob un yn gorwedd a llun croes o ryw fath i nodi 'man fechan ei fedd'. Maent wedi mynd o sŵn y gynnau – rai ohonynt i sŵn gynnau llawer gwaeth, ac ambell un i ganol seiniau nefolaidd y dyrfa sy'n cadw gŵyl dragwyddol.

> 'A'r Arglwydd a rua o Sion, ac a rydd ei lef o Jerusalem; y nefoedd hefyd a'r ddaear a grynant; ond yr Arglwydd fydd gobaith ei bobl, a chadernid meibion Israel.'
>
> *Joel 3: 16*

26 February 1918 Tuesday

Arras – ble cafodd y Ffiwsilwyr Cymreig golledion enbyd ym Mrwydr Arras yn Meh / Gorff 1917. Cafodd ei ddisgrifio gan S. Sassoon pan ddaeth i dwneli y llinell Hindenberg, a bwled yn ei ysgwydd yn ei orfodi i fynd adref. Roedd y diffyg gwybodaeth am realiti'r rhyfel gartref, a'r atgof o'r meirwon yn ei arwain i brotestio. Roedd yn ei gythruddo i feddwl am y cannoedd o'r bechgyn ifanc a laddwyd yr haf hwnnw a'r cyfan am ddim.

'The bloody politicians and ditto generals with their cursed incompetent blundering and callous ideas would tire of it or had got as much kudos as they wanted. We would never break the German line by hammering at it.' meddai S. Sassoon.

Symud y prydnawn yma i hen faracs mewn rhan arall o'r dref, ac yr ydym ni'r Signallers mewn ystafell sydd heb ffenestri – mae ynddi ffenestri ond y maent yn yfflon. Mae'r adeilad ei hun hefyd wedi ei guro yn drwm gan dân beleni'r gelyn, rywbryd – ac mae awel lem, anafol yn rhuo drwyddo heno.

> 'Trom yw'r galon wraidd ore.'

Neithiwr wrth osod wifren bigog i fyny yn ymyl y ffosydd blaenaf deuais ar draws rhywbeth. Rhoddais gic iddo. Troed dyn ydoedd yn sefyll allan o'r ddaear.

Y 'battalion' yn dod allan am bedwar diwrnod.

27 February 1918   Wednesday

Posted to Companies.

I have been sent to No. 4 Co. and to No. 16 Platoon, and have come into the same platoon as R. Eiddon Jones.

Tebygol mai Gdsn. R. E. Jones [1306 Llanfair] Anafwyd

The Sailor Boy

'He rose at dawn, and fired with hope
Shot oe'r the seething harbour bar,
And reached the ship and caught the rope
And whistled to the morning star.

'God help me! Save I take my part
Of danger on the roaring sea,
A devil rises in my heart
Far worse than any death to me.'

Tennyson

28 February 1918   Thursday

Signalling Test. Failed.

The Mother's Grave

'Father, wake – the storm is loud,
	The rain is falling fast,
Let me go to my mother's grave
	And screen it from the blast:
She cannot sleep, she will not rest,
	The wind is roaring so;
We prayed that she might lie in peace –
	My father, let us go.

57

'The mother sleeps too firm a sleep
  To heed the wind that blows;
There are Angel charms that hush the noise,
  From reaching her repose;
Her spirit in dreams of blessed land
  Is sitting at Jesus' feet:
Child, nestle thee in mine arms and pray
  Our rest may be as sweet.'

H. Alford

'Canys myfi a roddaf i chwi enau a doethineb, yr hwn nis
gall eich holl wrthwynebwyr na dywedyd yn ei herbyn na'i
gwrthsefyll.'

Luc 21: 15

1 March 1918 Friday

Dydd Gŵyl Dewi

Y prydnawn yma tra eirwlaw yn disgyn ar fuarth y 'barracks'
yr oedd y bechgyn a'u beichiau yno yn barod i fynd i fyny'r
llinell dân. Dyma finnau'n awr yn barod i fynd i fyny gyda
rhyw gwmni bach neillduol. Mae'r llwyth ar y bwrdd yn y
Divn. Coffee Bar ac mae'r dryll wrth ei ochr – a phopeth yn
barod yn disgwyl y funud i gychwyn. Byddai'n dda gennyf
weld y dydd yn dod na fydd eisiau i neb fynd i'r fath le – ond
beth a ddywedaf heddyw – a minnau'n cychwyn?

  'A wyf yn barod ai nad wyf?'

  'Ple mae fy ngobaith? Beth ddaw ohonof?'

'Y mae yr Ysbryd a'r briodasferch yn dywedyd. Tyred.'

2 March 1918 Saturday

Deffroais y bore yma ymron rhynnu i farwolaeth. Wel, mewn
gwirionedd yr oeddwn yn effro y rhan fwyaf o'r amser ar hyd
y nos – efallai. Eis allan, yr oedd rhew-wynt deifiol yn ysgubo
dros y wlad, dros y coed a'r rhosydd. Gwnes dân yn y 'dug
out' erbyn fod fy nau gydymaith yn barod i godi. Y mae yn

bwrw eira heddyw ac mae'r gelyn yn brysur iawn yn anfon tân belenni trosodd yma ar hyd y dydd.

Neithiwr ar fy ngwely mewn myfyrdod yr oeddwn yn teimlo ac yn gweled yr Iesu yn y 'dug-out', ac nid oedd hyny yn peri dim byd anarferol yn fy ymddygiad; nid Ei weled yn dod i fewn mewn bri ac ardderchowgrwydd yr oeddwn ond yn teimlo Ei fod yno o fy mlaen, ac yr oeddwn yn cymryd Ei bresenoldeb yn ganiataol, yr un fath ac wrth fynd adref y byddwn yn cymryd presenoldeb fy mam, dim gwylltio na chynnwrf.

3 March 1918   Sunday

Sabath mewn 'dug out'.

Mae'r ddau 'pioneer' a minnau wedi treulio diwrnod hapus ryfeddol. Bu'n dawel iawn drwy'r dydd, ond tra yr wyf yn ysgrifennu mae yna saethu mawr yn mynd ymlaen – a hyny oddeutu deg o'r gloch y nos. Cefais lythyr heno oddi wrth Hugh, ac yr oedd yn hyderus iawn y caf fy nghadw drwy y cwbl i gyd yn ddiogel. Y mae yn llawer gwell arnaf y dyddiau hyn na'm disgwyliad a gobeithio y pery felly tra byddwn yn y 'line'.

> 'A phan estynoch eich dwylaw
> Mi a guddiaf fy llygaid
> rhagoch; hefyd pan weddioch
> lawer, ni wrandawaf: eich
> dwylaw sydd lawn waed.

> 'Deuwch, yr awr hon ac ymresymwn, medd yr Arglwydd; pe
> byddai eich pechodau fel ysgarlad, ânt cyn wyned â'r eira, pe
> cochent fel porphor byddent fel gwlân.'
>
> *Eseia 1: 15–18*

4 March 1918   Monday

A very heavy 'fatigue'.

Carrying ammunition up the line.

Returned fagged out.

I have a slight headache, and do not feel like writing.

Good night.

'Lead Thou me on.'
'Cyffelyb yw i ddyn yn adeiladu tŷ, yr hwn a gloddiodd, ac a
aeth yn ddwfn, ac a osododd ei sail ar y graig: a phan ddaeth
llifeiriant, y llif ddyfroedd a gurodd ar y tŷ hwnw, ac ni allai ei
sigo, canys yr oedd wedi ei seilio ar y graig.'

5 March 1918   Tuesday

Yn dilyn Chwyldro Rwsia yn Nhachwedd 1917, gorfododd Yr Almaen delerau heddwch llym ar Rwsia, h.y. ar y Bolsieficiaid oedd yn rheoli. Golygai hyn fod Yr Almaen yn rhyddhau adnoddau i ymosod yn y Gorllewin. Yn nechrau 1918 roedd sôn cyson am yr ymosodiad mawr gan yr Almaenwyr, ac roeddynt yn gwneud ysgarmesoedd yn aml iawn ym misoedd cyntaf 1918 – dim llai na 225 ar y ffrynt Prydeinig. O bosib i geisio dod o hyd i'r llefydd gwanaf yn yr amddiffynfeydd i baratoi at y 'Kaiserschlacht', 'yr ymosodiad mawr Almaenig' gychwynnodd o ddifri ganol y mis.

A 'fatigue' again tonight in the line.

Heavy straffing at 2.45a.m. until 3.15a.m.

6 March 1918   Wednesday

'shielials': tebygol yn cyfeirio at gysgodfeydd 'shelter'. Bivouacs: yn debyg iawn ond cysgodfeydd mewn tir agored, fel cysgod dros dro. Cyfeirir hefyd amdanynt fel cysgodfan yn y ffosydd.

On 'fatigue' with the two pioneers making shielials.

I have packed up, and am ready to move to new battn. headquarters.

'Byddaf gyda thi pan elych trwy'r afon.'

O! am gael tynnu o'r anialwch, a throi drwy'r cadwyni – a rhedeg i'w fynwes.

7 March 1918   Thursday

Bore heddyw, rhwng 12 a 2 or gloch, bûm ar 'sentry', ac yr wyf wedi bod drwy'r dydd yng ngofal Lewis Gun, yn gwylied rhag awyrlongau y gelyn, a bore heddyw gollyngasom at rai ohonynt.

'Ar y penrhyn rwyf yn sefyll
  Wedi nos o hir barhad.
Heibio y mynyddoedd Tywyll
  Gwelaf oleu Tŷ fy Nhad:
    Mi gaf yno
  Gartref mewn tragwyddol ddydd.'

  Dyfed

'Y mae creadigaethau'r bardd fel creadigaeth natur; weithiau'n gadarn a mawreddog, weithiau'n llyfn a thlws, yn gyfrin fel coed ... ac yn syml fel blodau gwylltion.
  Ynfydrwydd yw beio'r mynydd am na bai'n flodyn, a'r cyfrin am na bai'n goed.'

  R. Williams Parry MA, mewn ysgrif ar Hedd Wyn,
  Y Cymro, *Chwef. 6fed 1918*

8 March 1918   Friday

On Wednesday March 6th the death of Mr John Redmond Irish Nationalist leader occurred.

These days I am at Battn. Hqrs on an anti-aircraft Lewis Gun Guard.

Last night I received a gift of 4/- from the Young People of Gleiniant and the Women's Temperance Association.

The weather is quite delightful and we are enjoying a great improvement on the first days of this month.

'Hosanna mwy, am fodd i lawenhau,
  Mewn byd di-hedd;
O'i newyn du mae ffordd i agoshau
  At fwrdd y wledd;
A'r newydd gân a glywaf dros y lli,
Yw Cân yr Oen, ac aberth Calfari.'

Dyfed

9 March 1918 Saturday
Lieu't Burn killed this morning.

'Mortal we are, frail, fleeting, sinful, but with immortal longings which nought on earth can satisfy. Ever a vision beckons, a light gleams, a voice calls, and we are troubled with the old divine discontent, touched with a sweet, sad, happy home-sickness of soul. Thou hast made us so and Thou alone canst give what the earth can neither give nor take away.

'Quiet the clamour of our thoughts, and let us hear those voices which will be audible when the noises of to-day have followed the feet that made them into the silence.'

From a prayer at the City Temple, Sunday Feb 17th,
Christian Commonwealth, Feb. 27th

'In returning and in rest shall ye be saved; and in quietness and in confidence shall be your strength.'

Isaiah 30: 15

10 March 1918 Sunday
Diwrnod hafaidd.

Bore heddyw aeth nifer o filwyr o un o'n cwmnïau ni drosodd i wneud ymosodiad anisgwyliadwy, trodd yr anturiaeth allan yn fethiant, oblegid cawsom golledion mawr yn ôl maint yr ymosodiad (raid). Lladdwyd Mr Ballard, clwyfwyd un swyddog arall, lladdwyd a clwyfwyd amryw o ddynion ac ofnir bod un neu ddau yn garcharorion. Gwelais amryw o gyrff drylliedig yn mynd heibio, ac un bachgen wedi colli ei goes.

Dyma fel y treulir Sabath mewn Rhyfel.

'Rhoddasant gelanedd dy weision yn fwyd i adar y nefoedd, a chig dy saint i fwystfilod y ddaear.'

O! gobeithio daw ymwared yn fuan. Ond ni ddaw ymwared yn dragywydd drwy ymladd. Sut y gellir cyfreithloni a chyfiawnhau peth fel hyn? Y noson o'r blaen yr oeddem yn gwarchod yn nhrymder y nos, gyda dryll a picell ar ei flaen – ond dyna oedd ar fy meddwl ar hyd yr amser.

'Gentle Jesus: meek and mild.'

11 March 1918   Monday

Down the line with 400 rounds of ammunition.

A very warm day.

We arrive in a sheltered camp – I come in with a Sunken heart.

'Forgive me if too close I lean
  My human heart on Thee.'

12 March 1918   Tuesday

Very warm.

Christ in Flanders
'Though we forgot You. You will not forget us –
We feel so sure that You will not forget us –
But stay with us until this dream is past.
And so we ask for courage, strength, and pardon –
Especially I think, we ask for pardon –
And You'll stand beside us to the last.'

                    I. W.

Received two letters and a parcel from home.

13 March 1918   Wednesday

Very heavy artillery fire last night.

'Balchder dy galon a'th dwyllodd,
ti yr hwn wyt yn trigo yn holltau'r
graig, yn uchel ei drigfa: yr hwn
a ddywed yn ei galon.
"Pwy a'm tyn i'r llawr?"
Ped ymddyrchefit megis yr
eryr, a phe rhoit dy nyth ym
mhlith y sêr, mi a'th ddisgynwn
oddi yno," medd yr Arglwydd.'

Obadiah 1: 3–4

14 March 1918   Thursday

'Yr hwn yn ein hisel radd a'n cofiodd ni:
oherwydd Ei drugaredd sydd yn dragywydd.'

Ps. CXXXVI – 23

15 March 1918   Friday

Yr wyf wedi cael annwyd trwm, ac yn rhy llesg a rhy sâl i roi'r naill droed heibio'r llall, ac yr wyf bron rhynnu drwy'r dydd – a chur trwm yn fy mhen.

Yr wyf yn ofni nad yw ddiben yn y byd 'reportio' yn sâl bore yfory. Yr ydym yn mynd i fyny heno hefyd, ac yr wyf yn teimlo yn ddigalon dros ben i gychwyn. Yn ben ar y cwbwl yr wyf yn teimlo yn ddiymadferth ymhob ystyr, ac yn teimlo nas gallaf helpu fy hunan yn y lleiaf – ac nid oes gennyf ond ymdaflu fy hunan gorph, enaid ac ysbryd ar yr Hwn fedr roi nerth a chynhaliaeth ar y daith.

'Oherwydd ei drugaredd sydd yn dragywydd.'

16 March 1918   Saturday

Diwrnod braf, ond yr awel yn oer a deifiol.

> *'Felly erwin auaf*
> *Gaeaf oer y drin,*
> *Yn yr allt felyn-wyrdd*
> *Does ond brigau crin.*
>
> *Gwrid boreuol obaith,*
> *Rhudden aur y wawr*
> *Guddiwyd gan gymylau*
> *O echrydus awr.*
>
> *Ond yng nghymyl angau*
> *Enfys lliwiog sydd,*
> *Aros mae'r Cyfamod,*
> *Deffro mae y Dydd.'*

Eliseus Williams 'Rhywle yn Ffrainc', o'r Cymro

17 March 1918   Sunday

Diwrnod braf etto. Sabath hyfryd mewn amgylchiadau anhyfryd.

> *'Ac i ddisgwyl am ei Fab Ef o'r nefoedd, yr hwn a gyfododd efe*
> *o feirw, sef Iesu, yr hwn a'n gwaredodd ni oddiwrth y digofaint*
> *sydd ar ddyfod.'*
>
> *1Thes.13:10 adn.*

> *'Ac i ddisgwyl am ei Fab Ef o'r nefoedd.'*

Nid oes mewn gwirionedd ddim arall i ddisgwyl amdano, na dim arall yn werth i ddisgwyl munyd awr wrtho ond Ei Fab gogoneddus Ef. O! am fedru disgwyl yn iawn: pe ond am ychydig amser bob dydd. Byddai disgwyliad cyson, tyner gobeithiol amdano Ef yn sicr o roi tôn a gwedd newydd yn fy ymarweddiad – rhoi rhywbeth newydd yn fy mywyd – rhyw dynerwch newydd, rhyw addfwynder dwyfol.

O! fy Nuw rho nerth i mi ddisgwyl!

18 March 1918   Monday

*'Ac wele, yr holl ddinas a ddaeth allan i gyfarfod â'r Iesu; a phan
ei gwelsant, attolygasant iddo ymadael o'u cyffiniau hwynt.*

Math. 8: 34

*'Canys beth yw ein gobaith ni, neu ein llawenydd, neu goron ein
gorfoledd? Onid chwychwi, ger bron ein Harglwydd Iesu Grist yn
ei ddyfodiad Ef.'*

Thes. 11: 19 adn.

'Llawn o ofid, llawn o wae:
A llawn euogrwydd du,
Byth y byddaf yn parhau
Heb gael Dy gwmni cu;
Golwg unwaith ar Dy wedd
A'm c'od i'r lan o'r pydew mawr;
O fy Nuw! Nac oeda'n hwy,
Rho'r olwg imi'n awr.'

Teimlo lawer yn well.

19 March 1918   Tuesday

Dod allan heno. Ymruthrai pethau rhyfedd drwy fy meddwl.
Mae y Rhyfel fel pwll o drueni fel <u>cors anobaith</u>, ac mae
miliynau o ddynion diniwed yn gruddfan ac yn ochain wrth
geisio ymsymud ynddi a phawb yn holi am lan neu derfyn,
a llawer dymuniad ingol yn mynd i fyny. 'O! gan Dduw na
byddai'r cyfan drosodd.' Oes yna ystyr iddi? Oes! Mae'r
cenhedloedd wedi suddo, a suddo yn raddol nes boddi mewn
cors. Oes yna weledigaeth? Oes! Mae aml enaid yn breuddwydio
breuddwydion byd a bywyd gwell, ac mae hadau diwygiadau
mawrion yn cael eu hau mewn adfyd a phoen i'w medi mewn
gogoniant maes o law. Mae rhyw dân bychan, gloyw yn cynneu
ym mynwes dynion a dery allan yn fflam oleu cyn bo hir.

66

20 March 1918   Wednesday

Gwlaw.

Deffro bore heddyw mewn gwersyll.

Buom wrthi yn gwneyd mân ddyletswyddau ar hyd y dydd.

Credaf fod duwies wen yn rhodio yn ysgafndroed dros wyneb y dyfnder dioddefaint – Ei henw yw Rhyddid, ac mae ei gwisg yn wen fel y dydd gan gyfiawnder a'i gwyneb yn ymddisgleirio fel yr haul gan eiddigedd, ac mae ei llygaid yn ddwysion gan dosturi. Ceisia swyno dynion drwy ei chân a'i phrydferthwch i'w dilyn, a thorri eu holl gadwyni a mynnu rhyddid cydwybod, a hawl i breswylio'r ddaear. Y mae mor addfwyn nes mae pawb ond brenhinoedd a phobl sy'n caru rhyfel yn ei hoffi, ac mae breichiau lawer yn estyngedig o'r gors heddyw yn disgwyl i'w llaw wen hi ymaflyd ynddynt a'u tynnu allan. Torrodd ei dylanwad y llyfethair yn Rwsia, clywyd tinc ei chân yn areithiau rhai o Sosialwyr Yr Almaen, a theimlwyd grym ei chenadwri ym mywyd a marwolaeth ambell wrthwynebwr cydwybodol ddihoenodd yng ngharcharau Prydain.

21 March 1918   Thursday

Diwrnod braf.

22 March 1918   Friday

Rhyw ddiwrnod terfysglyd neillduol.

Pan oeddem ar hanner cael 'bath' daeth cennad i ddywedyd am ddychwelyd ar unwaith. Rhedasom yn ôl, yr oedd pawb wrthi â'u holl egni yn pacio i fyny. Aethom â phopeth nad oeddem eisiau, a rhoddasom hwy i fyny – a gwnaethom ein hunain yn barod mewn 'battle order'. Ychydig funudau cyn amser cychwyn dywedyd wrthyf nad oeddwn i i fynd, felly gorfod i mi ymofyn y 'pack' a gwneyd fy hunan yn barod i symud yn ôl efo'r 'details'. Mae'r hanes yn dywedyd fod y gelyn wedi ymosod, ac wedi cymryd tir; ac yr ydym yn

rhuthro dynion i'w gyfarfod. Wel, dyna'r oll a wn, ond byddaf
yn dychryn wrth feddwl am yr hyn hwyrach a ddigwydd.

'Roedd angel yn ei angladd ef.
Fe ddaeth o'r cwmwl draw.
Fe glodd y bedd, rhedodd fry.
A'r allwedd yn ei law.'

Islwyn

Mae *History of the Welsh Guards* yn cofnodi: 'On the morning of 21st the storm
broke … launched on a fifty-four mile front. The Guards Division was behind
and slightly to the south of Arras. Mid-day on 22nd the battle rages' Roedd y
gelyn wedi croesi y llinell Hindenburg mewn niferoedd anferth o dan orchudd
o niwl ar doriad gwawr ar yr 21ain. Dyna uchafbwynt nifer yr anafiadau dyddiol
drwy gyfnod y rhyfel, 'They are dying again at Beaumont Hamel, which was
cobbled with skulls.'

23 March 1918   Saturday
Two hour drill.
Warm weather.

Yr amgylchiad pwysicaf i'm golwg i heddyw ydyw priodas
fy nghyfnither, Miss Jennie Tudor, Pennant a Mr Tom Lewis,
Gwastadfryn. Gan fod y briodasferch a minnau yr un oed o
fewn dau ddiwrnod ac wedi bod yn gyfeillion mawr yr wyf yn
cymryd diddordeb neillduol yn ei phriodas.

Mae'n anodd amgyffred bod y swyddogion yn trefnu i'r dynion wneud dwy
awr o 'drill' yn syth ar ôl eu hymdrechion oriau ynghynt, ac yn fwy o syndod
wrth i'r hanes gofnodi: 'The enemy success was to the right of where the
division was holding the line, and in the early morning of the 23rd they broke
through at Mory, a village some six miles away.' *Dyddiadur C.H.D.W.*

24 March 1918   Palm Sunday
Newyddion difrifol yn dod i fewn.

Gorymdeithio i adeilad y Scottish Church, sef Presbyterians.
Yr oedd y gwasanaeth yn debyg i bob gwasanaeth arall gynhelir
dan nawdd yr awdurdodau milwrol.

Yr wyf yn ofni bod rhywbeth difrifol o'i le ym mywyd crefyddol y wlad y perthynwn iddi. Mae meddwl am y gelanedd ddychrynllyd hon tra mae Prydain heddyw ar ei ffordd i Addoldai Seion.

Darllenais ysgrif gan anffyddiwr, neu ddyn yn credu dim byd, ac yr oedd efe drwy boen ac ymdrech meddwl wedi ei argyhoeddi o un peth, sef anfarwoldeb yr enaid. Dyna i gyd oedd ef yn gredu, ond yr oedd yn ymlawenhau fel dyn ar ben ei ddigon. Beth amdanom ni? Yr ydym ni yn credu pob gwirionedd, os ydym yn credu hefyd. Rhaid mai gwaglaw ryfeddol yw ein ffydd.

Oherwydd bod Yr Almaen wedi trosglwyddo byddinoedd o Rwsia i'r Ffrynt Gorllewinol roedd ganddynt 192 adran yn erbyn 169. 'On 21st March the British Army was subjected to the most intensive artillery fire of the war so far: 6,600 guns pummelled the British positions.' 'By 24th March the Germans had advanced 14 miles, the greatest advance on the Western Front since 1914. The British were driven back to the old battlefields of the Somme.' *Dyddiadur C.H.D.W.*

'The situation was so critical that at 2.30 a.m. the Commanding Officer received a warning order that the Higher Command considered it might be necessary to withdraw some five miles to a line Adinfer-Ficheux-Blairville, called the Purple Line; but this was altered to a line Boisleux St. Marc – Mercatel.' *Dyddiadur C.H.D.W.*

Wrth ddarllen y dyddiau diweddaraf, mae'n amlwg bod yr arweinyddiaeth yn ansicr ac amhendant.

---

25 March 1918   Monday

Symud etto. Cyrhaedd yn flinedig i bentref neillduol, oddeutu 11 o'r gloch y nos a nifer ohonom yn aros yn ysgubor ffermdy. Gorwedd efo Wilson Lloyd mewn rhyw fath o lawr dyrnu – ei do a'i furiau clai yn dyllog ryfeddol.

26 March 1918   Tuesday

Prydnawn heddyw cael ein galw allan i geibio ein hunain i fewn tu allan i'r pentref, (*Boisleux St. Marc*) ac ymhellach yn cael gorymdeithio tua chyfeiriad y llinell a throi yn ôl ar ôl cerdded rhyw chwe milltir. Cyrhaedd yn ôl a mynd i orwedd oddeutu hanner y nos.

27 March 1918 Wednesday

Y mae yn awr oddeutu 12 o'r gloch. Yr ydym wedi bod drwy y seremonïau arferol bore heddyw yr un fath a phe bai yr un rhyfel mewn bod.

Gobeithio cawn lonyddwch y prydnawn – ond bydd yn saith rhyfeddod os y cawn.

> 'A'r bore. Heddyw drycin, canys y mae'r wybr yn goch ac yn bruddaidd. O! ragrithwyr, chwi a fedrwch ddeall wyneb yr wybren; ac oni fedrwch arwyddion yr amserau?'
>
> Math.16: 3

Dyddiadur C.H.D.W. – 'something very near panic was going on. Early in the morning of 26th all reinforcements were ordered to hold some roads a mile from Halloy on a story that enemy had broken through. Two excitable brigadiers spread alarm by shouting to everyone they met – so 2,000 men were made to lie out in the fields all day, and at 5 p.m. march five miles to repel an enemy probably ten miles away, and then 5 miles back again. As a Frenchman told me: "We see the military marching and countermarching in an undecided manner, and, not knowing what has happened, become alarmed."'

'Lions led by donkeys': dyfyniad sy'n gysylltiedig â'r Fyddin Brydeinig adeg y Rhyfel Mawr

Priodolwyd i Max Hoffman yn 'The Donkeys' (1961) gan Alan Clark, ond mae'r dyfyniad yn llawer cynharch – ysgrifennwyd yn *The Times*: 'You are lions led by packasses.' am filwyr o Ffrainc a drechwyd gan y Prwsiaid – Francisque Sarcey 'Paris during the Siege (1871). (*Oxford Dictionary of Quotations*)

---

28 March 1918 Thursday

Gorymdeithio oddeutu 15 milltir neithiwr, pasio pentref ar ôl pentref, a chyrhaedd yn flinedig i hen ffosydd adfeiliedig, oddeutu hanner y nos, ar ôl cario'r baich drwy lafur a lludded. Ceibio lle i fy mhen, a gorwedd gyda'r 'oil sheet' drosof.

Deffroais wedi rhynnu, a chyn pen fawr o dro cawsom orchymyn i wneyd ein hunain yn barod i symud etto. Gorymdeithio mewn 'battle order' heddyw, i gyfeiriad y llinell, a gorwedd yn y ffosydd. Bûm yn ddigon ffodus i gael gafael ar ystyllen haiarn, a bu'n gysgod rhagorol. Dechreuodd wlawio yn y prydnawn, a bu'n bwrw'n drwm ddechrau'r nos.

29 March 1918   Good Friday

Dydd Gwener y Groglith.

Diwrnod oer, ysgythrog.

Hongian wrth ben ein traed hyd yn hyn. Y mae yn awr oddeutu 3 o'r gloch y prydnawn ac ni wyddom a ydym yn symud ai peidio.

Teimlo'n flinderog ac yn llwythog yn hiraethus fy enaid am y diddanwch gwell.

'Iesu, cymer fi'n Dy gôl
Rhag diffygio.'

Nid ydwyf wedi clywed oddi cartre ers pythefnos, nac wedi cael cyfle i ysgrifennu ers oes.

30 March 1918   Saturday

Gadawsom y ffosydd neithiwr, a chyrhaeddasom bentref ymha un y mae llawer o gabanau. Cefais y pleser a'r hyfrydwch o orwedd yn un ohonynt, ond bûm ysbaid cyn cysgu gan flinder. Yr oeddwn wedi fy rhedeg i lawr, heb weled bara dros ddyddiau, ac ond ychydig iawn o ddim arall.

Gwlawio'n drwm heddyw. Mae yn dda cael cysgod.

Dedfryd Parry a Stewart yn cael ei ddarllen allan.

'dedfryd' – nid oes cofnod o beth oedd y ddedfryd hon.

Roedd cosbau yn cael eu rhoi gan swyddogion am fân droseddau, un o'r rhain oedd rhedeg o amgylch y sgwâr parêd gyda phac llawn am nifer o ddyddiau neu oriau gan ddibynnu ar y difrifoldeb.

'Executions were frequent in France. Yet the responsible minister in the

House of Commons denied that sentence of death for a military offence had been carried out in France on any member of His Majesty's Forces.'

Ar un noson, yn ystod yr orymdaith fuddugoliaethus i Cologne ar y 12fed o Dachwedd, aeth rhai o fechgyn o gatrawd o Ogledd Lloegr i 'sgubor a feddiannwyd gan rhai milwyr o Gymru, a dechreuon nhw drafod rhai o'u profiadau mwyaf dirdynnol yn y rhyfel. Mae hanes penderfyniad llys milwrol fel y cafodd ei adrodd gan filwr ifanc o'r enw Hudson, o dan y teitl 'Twin Brothers', wedi'i gynnwys ar ddiwedd y dyddiadur hwn.

Teimlo yn llesg fy edyn o hyd.

Hiraeth am ehedeg fel aderyn bach o'r llawr o ganol y llaid a'r gwaed i blith ac i gymdeithas uwch, cymdeithas y pethau fry. Ymhyfrydiad cyson o'r Cariad digyffelyb.

'Byw ynghanol y goleuni.'
'Pan ddel Efe i'w ogoneddu yn Ei saint, ac i fod yn rhyfeddol yn y rhai oll sy'n credu (oherwydd i'n tystiolaeth ni yn eich mysg chwi gael ei chredu) yn y dydd hwnnw.

Ths 1: 10

31 March 1918   Easter Day

Bu heddyw yn debyg i unrhywbeth ond Sabath!

Twrw a therfysg yn y gwersyll.

Symud yn y lawn arfogaeth oddeutu pump o'r gloch.

Newyddion drwg wedi dod i fewn am y bechgyn yn y llinell.

W. Davies (swyddog) wedi ei ladd a llawer eraill a nifer fawr wedi eu clwyfo.

Cyrhaeddasom bentref arall drwy gawod drom o law, a chefais le go lew i orwedd.

'On the night of the 31st the battalion was relieved by the 26th Canadian Infantry ... No. 4 Coy to Blairville. The big German attack on the Somme battle area ceased after April 5th for a while and not renewed at all on the Guards Divisional front.' *Dyddiadur C.H.D.W.*

Mae gweddill y Dyddiadur yn dangos bod y gosodiad yma yn anghywir.

30 March 1918

SATURDAY

Gadawson y ffosydd neithiwr, a
chyrhaeddason bentref ymha un y
mae llawer o gabanau. Cefais y
pleser a'r hyfrydwch o orwedd yn
un ohonynt, ond buan yspaid
yn cysgu gan flinder. Yr oeddwn
wedi fy rhedeg i lawr, heb weled
bara ers dyddiau, ac ond
ychydig iawn o ddŵr arall.

Gwlawio'n drwm heddyw.
Mae yn dda cael eysod.
Dedfryd Parry a Stewart yn
cael ei datorllen allan.

Teimlo yn llesg fy edyn o hyd.
Hiraeth am rhedeg fel aderyn
bach o'r llawr o gwmpol y
llaid a'i gwaed a'i blith
ac i gyndeithas uwch, gan
deithio y pethau fry. Yr hyfrydwd
eyson o'r Cariad dig ffelyd.
"Bywgyyhawl ey blasu"

73

1 April 1918   Easter Monday
BANK HOLIDAY

Diwrnod hawddgar o Wanwyn. Meddwl amdanynt adref gyda'u goruchwylion.

Yr wyf yn ofni mai yn y lleddf mae fy nghyweirnod bob amser yn y wlad ddigalon hon.

'Dyn a aned o wraig sydd fyr o ddyddiau a llawn o helbul.'

O helbul ofnadwy yw hwn. Hwyrach fy mod i yn wan ac yn wael, yn llac ac yn waglaw, ond nid ydwyf yn medru dal y pethau hyn fel dynion eraill gan regi y cwbl i ffwrdd, a chanu ffôl-gerddi'r Fyddin. Mae yna ryw lais oddi mewn yn cwynfan, a rhyw ddolur agored ar fy nghalon yn fy mhoeni yn barhaus. Mae fy nghorff yn gwrwgnach, ac yn blino – ac ar y cyfan yn teimlo fy hun yn fethiant truenus.

2 April 1918   Tuesday
Treulio'r dydd yn weddol segur.

Mae'n rhaid bod y Ffrancod yn bobl grefyddol iawn, oblegid mae delw'r Croeshoeliedig ar bob croesffordd a mynwent yn eu gwlad: ac mae darluniau o'r Gwaredwr yn eu tai ymron yn ddieithriad.

Mae perygl o fod yn grefyddol heb ddim bywyd o gwbl. A dyna le yr wyf yn ofni tynged fy annwyl wlad fy hunan. Ei haddoldai aml yn arddangosiad allanol o grefyddolder – a'i bywyd oddi mewn wedi crino a marw.

'Teyrnas Dduw o'ch mewn chwi y mae.'

O'ch mewn chwi, ac mae digon o le i droi iddi a byw yn fras arni. – Teyrnas.

3 April 1918   Wednesday

'Am ba achos yr ydym hefyd yn gweddïo yn wastadol drosoch, ar fod i'n Duw ni eich cyfrif chwi yn deilwng o'r alwedigaeth hon,

a chyflawni holl foddlonrwydd Ei ddaioni, a gwaith ffydd, yn nerthol.

Fel y gogonedder Enw Ein Harglwydd Iesu Grist ynoch chwi, a chwithau ynddo yntau, yn ôl gras ein Duw ni a'i Arglwydd Iesu Grist.'

2 Thes. 1: 11–12

Ymdrechfa barhaus. Ceisio cadw ngolwg Arno, a cholli yr olwg yn fynych – ac mae colli golwg Arno Ef yn gwneyd popeth yn anhrefn ac yn derfysg.

4 April 1918   Thursday

Cael y pleser o dderbyn deunaw o lythyrau – saith o ba rai oedd oddi cartref.

Mae'n debyg felly nad yw fy hen gyfeillion wedi fy llwyr anghofio.

Bore heddyw rhoddais fy enw i mewn i fynd yn sâl, a bûm yn gweled y meddyg. Rhoddodd 'tablets' i mi i gymeryd, a gobeithio y gwnant ddaioni, oblegid yr wyf wedi bod yn gwla ryfeddol y dyddiau diwethaf yma.

'Y cwpan a roddes y Tad i mi, onid yfaf ef.'

5 April 1918   Friday

Rhoddi'r 'packs' i mewn – disgwyl symud.

'Oblegid yr Arglwydd Ei hun a ddisgyn o'r nef gyda bloedd, â llef yr archangel, ac ag udgorn Duw; a'r meirw yng Nghrist a gyfodant yn gyntaf.

'Yna ninnau y rhai byw, y rhai a adawyd, a gipir i fyny gyda hwynt yn y cymylau, i gyfarfod â'r Arglwydd yn yr awyr; ac felly y byddwn yn wastadol gyda'r Arglwydd.

'Am hynny diddenwch eich gilydd â'r ymadroddion hyn.'

1 Thes. 4: 16–18

6 April 1918   Saturday

'A Phetr oedd yn eistedd allan yn y llys: a daeth morwynig atto, ac
a ddywedodd, a thithau oeddit gydag Iesu y Galilead.'

Mathew 26: 69

Bore hyfryd heddyw. Bore Dydd Sadwrn. Mae'r wythnos
wedi mynd heibio fel breuddwyd. Yr wyf yn y pentref yma er
nos Sul, ac wedi treulio fy wythnos ymron yma, ac yn disgwyl
symud unrhyw funud. Nid wyf gwneyd nemor ddim ar hyd yr
wythnos – dim ond hongian ymlaen. Rhyw dreulio yr oriau
i maes a bod yn ddiolchgar mai yma yr ydym. Y mae rhyw
wyth ohonom mewn hen ystafell dyllog, ac mae pedwar o
Awstraliaid yn yr ystafell nesaf, ac yr ydym yn gwerthfawrogi
ein lle. Wel, dyna ddigon ar yr helynt. Bywyd rhyfedd yw hwn
– rhyw fodolaeth farwol. Mae fy enaid tlawd yn holi am drysor
i'w gadw uwchlaw ei drueni.

7 April 1918   Sunday
Cawodydd trymion.

Treulio Sabath arall yn ddi-fudd a di-ystyr.

Cysur yw cofio wedi'r cwbl nad â yr un iot yn ofer. Fe ddaw
popeth yn iawn yn y man.

'Y gwŷr a wneir yn uniawn, a'r anwastad yn wastedd.'

Mae Efe yn abl i gadw yr hyn a roddir atto erbyn y dydd
hwnw. Rhoi rhywbeth i gadw iddo Ef sydd yn bwysig – ac nid
oes dim byd arall o bwys o gwbl.

8 April 1918   Monday

'A'r Iesu a ddaeth, ac a lefarodd wrthynt, gan ddywedyd,
Rhoddwyd i mi bob awdurdod yn y nef, ac ar y ddaear.'

Math. 28: 18

Dylai hynna fod yn ddigon i mi beth bynnag. *'Rhoddwyd i mi bob awdurdod yn y nef, ac ar y ddaear.'* Rhaid i mi ddim pryderu nac ofni – mae popeth yn Ei law Anfeidrol Ef, ac mae honno wedi ei dryllio â hoelion geirwon drosof fi.

Gadael y pentref gyda'r 'Signallers' eraill, a mynd i fyny'r line efo No 4. Gweithio gyda Branston.

4306 Gdsn. Branstone, F.E. (Coventry) Mynd i'r lein yn Boisleux St.Marc.

---

9 April 1918   Tuesday

Mae gennym le go lew mewn ffos newydd.

Digon o fwyd.

10 April 1918   Wednesday

Symud i fyny ynghanol y nos.

Cael cell danddaearol i weithio ynddi.

11 April 1918   Thursday

Treulio ein horiau i ffwrdd, drwy fod bob yn ail bedair awr ar waith.

Mynd allan efo Pritchard i gyweirio a chydio'r wifren rhyngom â chwmni arall, oedd wedi ei thorri mewn amryw fannau gan y tân.

Canlyniad yr ymosodiad ar Ypres ar 9 Ebrill oedd i'r Fyddin Brydeinig i ildio tir ac i'r Cadfridog Syr Douglas Haig i ddatgan ei orchymyn enwog ar 11eg o Ebrill: 'Backs to the wall. Every man will stand and fight and fall.'

Dyna a wnaethant, gan ddioddef colledion anferth a cheisio llenwi'r bylchau gyda'r rhai oedd yn weddill.

---

12 April 1918   Friday

Capten Insole yn cael ei ladd.

'Ac efe a'u gwelai hwynt yn flin arnynt yn rhwyfo; canys y gwynt oedd yn eu herbyn. Ac ynghylch y bedwaredd wylfa o'r nos efe

a ddaeth atynt, gan rodio ar y môr ac a fynnasai fyned heibio
iddynt.

'Canys hwynt oll a'i gwelsant ef ac a ddychrynasant. Ac yn
y man yr ymddiddanodd efe a hwynt ac a ddywedodd wrthynt,
Cymmerwch gysur: myfi yw; nac ofnwch.'

Marc 6: 48–50

Lieut. Claud Insole M.C. 'It was a beautiful sunny day. Speech means nothing.
The divisional chaplain said to our chaplain when the battle was on : "What
have you been doing." And he replied, "I called at the casualty clearing-station
and buried eight men".' *Dyddiadur C.H.D.W.*

Tybiaf nad oedd y Swyddog yn un o'r wyth!

13 April 1918   Saturday

Allan o'r line neithiwr a chael caban i orwedd ynddo yn oriau
mân y bore.

Derbyn amryw o lythyrau a thri pharsel.

'Hiraethais, cwynais acenion – ganwaith
*   O gyni bro estron*
Yn gaeth, ac olaeth calon.
Am rhyw le yng Nghymru lon.'

Tipyn o dwrw a gwynt.
Cael 'bath' a newid.

14 April 1918   Sunday

Nid oes dim yn y dydd heddyw i'n hatgoffa ei bod yn Sabath
yr Arglwydd, ac ni fuaswn prin yn gwybod oni bai am y
dyddiadur.

Dal ein hunain yn barod i ymadael oddi yma. Mae y 'kit' oll
allan yn barod yn awr, ond nis gwyddom pa bryd y byddwn yn
cychwyn.

'Da yw'r halen, ond os bydd yr halen yn ddihallt a pha beth yr
helltwch ef?

*Bid gennych halen ynoch eich hunain a byddwch heddychlon
â'ch gilydd.'*

Marc 9: 50

Ymadael heno.

Ar y 14eg Ebrill, cafodd y gatrawd ei rhyddhau a gorymdeithio yn ôl i Barly drwy Beaumetz, Monchiet a Gouy; ond y dydd canlynol, symudon nhw i wersyll yn Fosseux. Roedd y gatrawd yn y Third Army Reserve, ac o dan orchymyn i symud â rhybudd o dair awr yn unig.

---

15 April 1918   Monday

Cyrhaeddasom rywle, a gorweddasom mewn 'bivouac' oddeutu tri o'r gloch y bore.

Gadael y 'bivouac' a'r coed, a symud i bentref a gorwedd mewn rhyw fath o hen 'shed'.

16 April 1918   Tuesday

'The country round Fosseux and Barly was closely cultivated so that field work could not be carried out.' (Hynny yw ymarferion i gadw'r milwyr rhag 'segura'!) 'The peasants were very sensitive at that time.' 'A camp of chinamen was in the area .. .. .. and these strange labourers were completing new lines of Defence in the event of attacks and the evacuation of more country – the damage to growing crops was great.' 'But there was a fair rifle range and the battalion profited by it.' *Dyddiadur C.H.D.W.*

Llawer iawn o 'redeg obeutu' – dim llonydd.

Cyfarfod Evan Maldwyn Jones, Corris.

17 April 1918   Wednesday

Symud ar draws y ffordd i hen ysgubor a chysgu gyda Rowlands.

Pont Menai
'Uchelgaer uwch y weilgi – gyrr y byd
   Ei gerbydau drosti;
  Chwithau, holl longau y lli'
  Ewch o dan ei chadwyni.'

                        Dewi Wyn

Yr Arwr
'O ynfyd fyd! Fe rydd ei goron aur
Ar ben y gŵr a ddawnsia ar fedd ei frawd
Tra'i ddirmygedig goron ddrain a bleth
I'w rhoi ar ben ei dangnefeddwyr glân;
A phyrth ei garchar egyr led y pen
I groes engyl cariad ymhob oes.'

             Y Deyrnas, Mawrth 1918

18 April 1918   Thursday
Signalling Parade.

Dim byd neillduol.

Englyn i Mr Tom Lewis, Gwastadfryn, Towyn a Miss Jennie Tudor Cannon, Llanerfyl, sef dymuniad i'r pâr ieuanc ar ddydd eu huniad mewn glân briodas Mawrth 23ain 1918:

'Rhodiwch mewn heddwch o hyd – a'ch cariad
    Fo'ch coron drwy'ch bywyd;
  Cadwed y nef chwi hefyd
  Ar erwin fôr yr hen fyd.'

       (ysgrifen annealladwy) Llanbrynmair

Yr awel yn oer a miniog.

19 April 1918   Friday
Evan Maldwyn Jones yn ymadael heno.

Yr wyf yn ei gofio yn ennill gwobr yn Eisteddfod y Bont am ganu'r unawd orfoleddus:

'Pan bwy'n myned trwy'r Iorddonen; Angeu creulon yn ei rym.'

Fe ganodd rhyw un pennill y noswaith o'r blaen – digon i dynnu'r mynyddoedd ar fy ysgwyddau, a chodi lwmp yn fy ngwddf.

Y tywydd yn oer.

20 April 1918   Saturday

Y prydnawn yn weddol rydd, ond nid oes dim llawer i'w weld na'i gael mewn pentref Ffrengig. Yr wyf yn prynu wyau bob dydd a heddyw gwelais ffasiwn newydd o'u coginio, sef eu dodi fel ag yr oeddynt yn y tân. Yr unig fai ar y cynllun oedd eu bod wedi gwneyd yn rhy galed o lawer.

Bûm yn ddigon ffodus i fedru prynu torth o fara heddyw. Bara blasus odiaeth hefyd yw bara'r Ffrancod.

21 April 1918   Sunday

Gwasanaeth Ymneillduol mewn caban go fawr. Yr oedd torf go lew ohonom ni y Welsh Guards yn bresennol.

'A minnau, os dyrchefir fi oddi ar y ddaear, a dynaf bawb ataf fy hun,' oedd rhan o destun y pregethwr, ond yr oedd gormod o sôn am ddyrchafiad Prydain Fawr yn y bregeth, a rhy fach o sôn am ddyrchafiad y Dyrchafedig.

Mae'r awel yn oer, ac mae fy nghalon innau yn oer, yr wyf fel iâ'r Nadolig drwodd draw. Mae'r argraff lleiaf yn cael ei ysgubo ymaith fel breuddwyd, a minnau'n cael fy nyddo yn galed a thruenus ar balmant didrugaredd y ddaear gynhyrfus hon. Gobeithio bod y Breichiau Tragwyddol yn agos, ac y byddent yn dirion os syrthiaf arnynt.

'Hon yw'm hangor ar y cefnfor
Na chyfnewid meddwl Duw.'

22 April 1918   Monday

Pethau'n mynd yn burion.

Mwynhau yr hen ysgubor.

23 April 1918   Tuesday

Y tywydd yn well.

Heno bûm mewn rhyw fath o'r hyn elwid yn Gyngerdd gan No.3 a No.4 Co – ond gwaradwyddus oedd pob ymddygiad gan fod diod rhad yn cael ei rannu; a'r chwaeth yn yr hyn a genid tra bûm yno yn ddifrifol o isel. Ni fûm yno ond am rhyw bum neu ddeg munud – ac roedd hynny yn ormod.

Wel, mae'n debyg mai heno fydd y noson olaf i orwedd yma. Yr wyf yn awr yn gorwedd eisoes. Yr ydym wedi cael gorchmynion erbyn y bore yn barod.

Nos da.

24 April 1918   Wednesday

Symud i Barly – dim ond rhyw ddau gilo.

Y bataliwn yn mynd i fyny tua'r line.

Gwlawio'n lled drwm.

Cyfarfod Pte Cliff Gren. Gds. A chael ymgom ddifyr ag ef, ymha un y disgwylien, pan êl y llanw hwn o fateroliaeth galed heibio y dêl tywalltiad grymus o ysbryd gras a gwirionedd ar bobl yr Arglwydd.

Mae'r hanes, yn dweud 'The battalion did not stay long at Fosseux. On April 24th it marched to Berles au Bois, and on the 25th relieved the 15th Battalion Lancashire Fusiliers in the line between Ayette and Ablainzevelle… moved via Barly to Warlingcourt.' *Dyddiadur C.H.D.W.*

Dylid egluro ystyr 'mynd i'r line' a 'details'.

Doedd 'mynd i'r line' a'r 'battaliwn yn mynd i'r line' neu 'i fyny' ddim yn golygu bod y fyddin i gyd yn mynd i'r tân; o bell ffordd. Roedd y 'details' yn ôl, ymhell, weithiau, i ffwrdd o'r ymladd a'r taflegrau, y nwy a'r bwledi. 'Details were the "Drums" and "Shops" – the transport, the quartermaster and his staff, which included the company quartermaster-sergeants, the drums, the master tailor, the master shoemaker, each with his staff, and generally pioneer sergeant with part of his men. The sergeant-major and all company sergeant-majors, 33% of Lewis gunners, scouts, snipers, signallers and runners were left out. Not more than twenty officers, excluding the medical officer, to go in with the battalion.' Roedd cynnwys y swyddogion yn y 'details' yn amrywio ar fympwy'r C.O. 'at the third battle of Ypres the minimum to be left out of the engagement' yn cael ei nodi yn fanwl. Gwelir felly bod llawer iawn o aelodau'r fyddin yn cael eu gwarchod yn ofalus rhag gormod o berygl. 'Every week there was an exchange of men with Details, so that it became a matter of whose turn it was to go out of the line.' Hynny yw, pwy allan o'r rhai enwir uchod oedd yn mynd oddi wrth y milwyr cyffredin yn y ffosydd.

Mae'r gwahaniaeth rhwng amgylchiadau'r Milwyr a'r Swyddogion yn cael ei ddisgrifio mewn cofnod ar 15fed Ionawr 1918 yn 'History C.H.D.W.' 'The Scots Guards started to relieve at 7 p.m. but was not complete until 9.30 a.m. on 16th. The support lines were not relieved until the 18th. when companies entrained on the light railway which ran to Fampoux, and were in Arras by 9 p.m." Mae'r hanes yn parhau wrth ddisgrifio rhan y Y.M.C.A. 'who had a hut, run by a Scot, near Humid Trench, and sold the men cigarettes and chocolate, and gave them hot cocoa and tea in the bleak and exhausting swamp of the battlefield. At Arras the officers were billeted in either of two hotels. It was most extraordinary what the French managed to do in the way of food – hors d'oeuvre, soup, fresh fish, duck, soufflé, savoury, coffee, and some excellent old rum; they found rare wines in the cellar, they produced cigars.'

25 April 1918   Thursday

Diwrnod digon esmwyth. Ni byddai angau ei esmwythach.

Gorweddais y prydnawn yma, a chysgais a breuddwydiais. Yn fy mreuddwyd yr oeddwn gartref fel arfer, ond yn anffodus gwelwn Nantyrhafod a'r helynt hwn rywsut yn gymlethedig anatodol o'i gilydd.

Gelwir dynion i fyny i 50 ac weithiau i 55 i'r Fyddin dan y mesur Gorfod diweddaraf a phob dyn rhwng 18 a 25 oed.

Effaith y frwydr fawr ddiwethaf yw'r mesur neu o leiaf un o'i heffeithiau.

h.y. 50 a 55 oed – 'the need for reinforcements was so great that even the A4s at Scarborough were being sent to the front. (A4s were boys under 18, too young to be sent overseas.)'

26 April 1918 Friday

'Yn amlder fy meddyliau o'm mewn, dy ddiddanwch di a lawenycha fy enaid.'

Symud etto. Yr ydym yn barod yn awr, ond nis gwyddom i ba le yr ydym yn mynd.

Cyrhaedd Wallingcourt.

27 April 1918 Saturday

Cyrhaeddasom y pentref a enwyd ar ôl gorymdaith galed prydnawn ddoe. Bore heddyw bûm mewn tŷ cyfagos, ac ni chefais gymaint croeso yn unman er pan adewais Brydain. Fe wnaeth yr hen wraig goffi blasus i mi gyda bara ac ymenyn, a chefais ychydig fara i ddod i ffwrdd gyda mi a dau wy wedi eu berwi – a'r cwbl am ddau 'franc'.

'A'r Iesu a ddywedodd wrtho, Nid oes neb a'r sydd yn rhoi ei law ar yr aradr, ac yn edrych ar y pethau sydd o'i ôl, yn gymwys i deyrnas Dduw.'

Luc 9: 62

28 April 1918 Sunday

Llawer iawn o wynt a thwrw. Mwy o helynt efo gosod ein 'kits' i fyny na phe baem yn mynd i gwrdd gelyn. Eis efo R. J. Davies tua chwarter i ddeg i Eglwys Babyddol y pentref. Yr oedd yr eglwys yn brydferth odiaeth oddi mewn a llawer iawn o ddarluniau a delwau ynddi, ac yr oedd yno gynulleidfa ei llond hefyd. Yr oedd y gwasanaeth yr un mor brydferth â'r adeilad, er nad oeddwn yn deall dim ohono. Pregethodd yr offeiriad, a buaswn yn meddwl ei fod yn weddol ddifrif wrth ei waith, a barnu oddi wrth ei osgo. Aethom allan yn fuan, ac ar ôl hynny aethom i wasanaeth gwirfoddol Ymneillduol gynhelid gan y Scots Gds. a chawsom bregeth wir werthfawr, a theimlwn yn ddiolchgar amdani.

29 April 1918   Monday

Dim neillduol.

Sŵn morthwylio melltigedig yn mynd ymlaen.

'Effaith pob rhyfel faith ydyw daearoli gwlad, a gostwng ei safonau ysbrydol.'

Parch. T. *Charles Williams mewn llythyr yn* Y Goleuad.

Mae'r Llywodraeth wedi tynnu'r adran honno o'r Mesur Gorfodol newydd yn ôl. Yr adran oedd yn galw gweinidogion yr Efengyl i ymladd.

Cysgu fel pren.

30 April 1918   Tuesday

Deffro'n llesg a gwael.

Gwlaw trwm.

'Gwerthwch yr hyn sydd gennych, a rhoddwch elusen: gwnewch i chwi byrsau y rhai ni heneiddiant; trysor yn y nefoedd, yr hwn ni dderfydd, lle ni ddaw lleidr yn agos ac ni lygra pryf.'

Luc XII: 33

1 May 1918   Wednesday

Y dydd cyntaf ym mis Mai. Yr wyf yn awr mewn llannerch brydferth odiaeth, mae dail y coed yn glasu'r llechwedd o'm blaen, ac ieir yn clochdar yn ffermydd Warlingford o'm hôl. Minnau yn y fan yma fy hunan; wedi ymneillduo am ychydig funudau o dwrw a therfysg a thrafferth y gwersyll i gael tipyn bach o lonyddwch. Ymhen ychydig oriau byddaf ar fy ffordd tua'r llinell dân i gymryd fy lle yn y fan honno, ac i sefyll yn fy rhan. Duw yn ei Anfeidrol Ras fyddo gyda mi. Yr ydym yn clymu ein hunain yn anymwybodol wrth ddyddiau gwell y dyfodol, pa un a dorrir y llinynnau ai peidio. Ond mae eisiau i mi chwilio am rywbeth cryfach i ymglymu wrtho; rywbeth 'na thorrir gan angau na'r bedd'. Er mai y bore ydyw etto, yr wyf wedi llenwi fy ngofod am y diwrnod – rhaid mynd.

2 May 1918 Thursday

Cyrhaeddasom i fyny neithiwr ar ôl treulio'r prydnawn mewn taith – rhan ohoni mewn cerbydau (buses) a rhan fawr iawn ohoni ar draed – fel arfer.

Gweithio gyda Hopkins yn No. 4 rhyddhau'r Bill Browns.

'*Ymddiried rhai mewn meirch,*' meddai'r Salmydd. Peth ffôl iawn ydyw ymddiried mewn meirch, oblegid yr wyf wedi gweld heolydd Ffrainc wedi eu cochi â gwaed meirch. Y cerbydau hefyd yn fynych yn cael eu llosgi â than.

'Yr Arglwydd yw fy mugail, ni bydd eisiau arnaf.'

3 May 1918 Friday

O ryfedd Ras.

'Ac efe a adeiladodd allorau i holl lu'r nefoedd yn nau gyntedd tŷ'r Arglwydd. Ac efe a yrrodd ei feibion trwy'r tân yn nyffryn mab Hinnom, ac a arferodd frud, a hudoliaeth, a chyfareddion, ac a fawrhaodd swynyddion, a dewiniaid: efe a wnaeth lawer o ddrwg yngolwg yr Arglwydd, i'w ddigio ef.'

II Chronicl 33: 5–6

'A phan oedd gyfyng arno ef, efe a weddïodd ger bron yr Arglwydd ei Dduw ac a ymostyngodd yn ddirfawr o flaen Duw ei dadau. Ac efe a weddïodd arno ef, ac efe a fu foddlon iddo ac a wrandawodd ei ddymuniad ef, ac a'i dug ef drachefn i Jerusalem i'w frenhiniaeth. Yna y gwybu Manasseh mai'r Arglwydd oedd Dduw.'

Chron. 33:12–13

'Ac efe a gyweiriodd allor yr Arglwydd, ac a aberthodd arni
hi ebyrth hedd a moliant; dywedodd hefyd wrth Judah am
wasanaethu Arglwydd Dduw Israel.'

Chron. 33. 16

4 May 1918   Saturday

Lladdwyd Anarawd, Rhydwen a Blake bore heddyw gyda'r wawr.

Yr wyf yn awr yn eistedd yn fy 'dug out' ac yn edrych allan i gyfeiriad pentref anrheithredig sydd wedi ei falurio gan yr ymladd diweddar yma. Mae'r ddaear yn lâs, a'r blodau yn brydferth, a natur yn ei gogoniant ond mae sŵn morthwylion y fall i'w clywed o bob cyfeiriad ddydd a nos, a nos a dydd.

Tri mis i heddyw yr oeddwn yn gadael Lloegr ac mae wedi bod yn dri mis gynhyrfus ddigon ond y mae gennyf fwy i fod yn ddiolchgar amdano, nac sydd i gwyno o'i blegid. Ychydig ryfeddol o gyfeiriadau sydd gennyf at y frwydr ofnadwy – y frwydr yn hanes y byd sydd wedi ei hymladd yma yn ystod y ddeufis diwethaf yma. Nid yw o lawer o ddiddordeb gennyf sôn am y digwyddiadau milwrol gan fy mod yn casáu milwriaeth yn ddyfnach. Ond gallaf ddweyd fod y gelyn wedi ei ddal yn ôl er gwaethaf ei ymosodiad.

Hopkins ynghwsg.

5 May 1918   Sunday

Prydnawn Sul. Eistedd yn y 'dug out' o hyd. Yr wyf wedi bod yn cysgu y rhan fwyaf o'r prydnawn. Bu'n gwlawio'n drwm, ac fe fydd y ddaear yn wleb i fynd allan heno. Yr ydym wedi gwneyd pedwar diwrnod yn y 'front line' – phedwar diwrnod digon esmwyth.

Hiraeth am gynteddoedd y tŷ ac am gynulleidfa'r saint, a gobeithiaf yr estynnir y fraint i mi fod yn eu plith etto'n fuan. Yr wyf yn mwmian canu wrthyf fy hun weithiau:

'Ac mi debygaf glywed sŵn
Nefolaidd rai o'm blaen.
Wedi gorchfygu a mynd trwy
Dymhestloedd dŵr a thân.'

Yn y 'dymhestl dân' yr wyf fi hyd yn hyn, ond yr wyf yn hyderus y dôf trwyddi, trwy Ei Anfeidrol Ras, ac y cadwaf y 'ffydd' drwy'r caledwch a'r tywyllwch i gyd.

'Ac y mae efe cyn pob peth, ac ynddo ef y mae pob peth yn cyd-sefyll.'

Col.1: 17

6 May 1918   Monday

Cyrhaedd y 'Purple Trench' oddeutu dau o'r gloch bore heddyw, ar ôl taith lafurus drwy'r mwd llithrig, ac ar ôl llawer cwymp i dyllau budron, ac ar ôl gorfod teithio ambell bwt o'r ffordd hyd yn oed ar ein traed a'n dwylaw.

Hopkins yn newid efo L/Cpl Sims.

Bwrw'n drwm heno, y 'dug out' yn cael ei foddi. Ofnem braidd iddo ddod i lawr ar ein cefnau ond drwy dipyn o ofal ddaeth ef ddim, drwy drugaredd.

7 May 1918   Tuesday

Y wifren yn torri. Cpl. Birch a Bartley yn galw heibio.

Bwrw'n lled drwm.

Heno byddwn yn mynd yn ôl etto i ryw safle arall. Yr wyf yn blino ar y symud diddiwedd a dibwrpas yma.

'A chwychwi yw y rhai a arhosasoch gyda mi yn fy mhrofedigaethau. Ac yr wyf fi yn ordeinio i chwi deyrnas, megis yr ordeiniodd fy Nhad i minnau.'

Luc 22: 28-29

Cpl. Sims yn mynd yn sâl. Hopkins yn dod yn ôl i gymryd ei le.

'The arrangement in the outpost area was two companies in the front line of posts, one in support and one in reserve.' *Dyddiadur C.H.D.W.*

8 May 1918   Wednesday

> '*Ac un o'r drwgweithredwyr a grogasid a'i cablodd ef, gan ddywedyd, Os tydi yw Crist, gwared dy hun a ninnau. Eithr y llall a atebodd, ac a'i ceryddodd ef, gan ddywedyd, Onid wyt ti yn ofni Duw, gan dy fod dan yr un ddamnedigaeth?*'
>
> *Luc 23: 39-40*

Byddai'n amhosibl cael gwell goleuni ar y cwestiwn dyrys. Paham mae Duw yn goddef Rhyfel? nag a geir yn y ddwy adnod uchaf.

Yr ydym mewn 'support' y dyddiau hyn. Disgwyliad mawr y bore yma am y gelyn drosodd.

9 May 1918   Thursday

Diwrnod braf iawn.

Ei dreulio yn llaid llychlyd y tamaid cornel dan y derw, lle yr ydym yn gweithio. Rydym yn aros bob yn ail ar y 'phone' a phryd na fyddwn ar y phone yr ydym yn gorwedd ac yn cysgu. A phryd na byddom yn cysgu yr ydym ar y 'phone'. Y mae wedi bod yn ddigon tawel y dyddiau hyn oddigerth tipyn o saethu yn wyllt oddi wrth Fritz prydnawn ddoe, pryd y clwyfwyd tri o'r cwmni yma.

> '*Oherwydd paham, gan wregysu lwynau eich meddwl, a bod yn sobr, gobeithiwch yn berffaith am y gras a ddygir i chwi yn natguddiad Iesu Grist.*'
>
> *I Petr: 13 ad.*

Beth sydd i'w olygu wrth 'wregysu lwynau eich meddwl'? Buaswn yn meddwl mai enaid yn mynd ar 'guard' ydyw. Cadw'r arfogaeth yn dynn amdano a bod yn barod, nid wedi hynny rhag i'r gelyn ddod arno yn ddisymwth.

10 May 1918   Friday

'Canys daeth yr amser i ddechrau o'r farn o du Dduw: ac os
dechreu hi yn gyntaf arnom ni, beth fydd diwedd y rhai nid
ydynt yn credu i efengyl Duw? Ac os braidd y mae y cyfiawn
yn gadwedig, pa le yr ymddengys yr annuwiol a'r pechadur?
Am hynny y rhai hefyd sydd yn dioddef yn ôl ewyllys Duw,
gorchymynant eu heneidiau iddo ef, megis i Greawdwr ffyddlon,
gan wneuthur yn dda.'

I Petr 4: 17–19

11 May 1918   Saturday

Heno byddwn yn mynd yn ôl etto i'r 'Purple Line', yn cael ein
rhyddhau yma gan y Scots Gds.

Ffair Galanmai Llanidloes.

Yr wyf i mewn ffair arall – ffair felltigedig hefyd.

'Gan fwrw eich holl ofal arno ef; canys y mae efe yn gofalu
drosoch chwi.'

1 Petr V: 7

12 Mai 1918   Sunday

Treulio Sabath tywyll fel angau.

Yr ydym yn y 'Purple Trench'; a'r prydnawn yma bûm yn
cael 'bath' mewn lle neillduol dipyn o ffordd oddi yma. Yr oedd
hyn yn iechyd i'r corph, ac yr oedd yn fwynhad cael symud y
chwys a'r llaid.

'The ridge on which Blairville stood was defended by the Purple Line. This was
the main battle position. The brigade held this line with two battalions in the
Outpost Line and one in the Purple System. It meant 4 days in the O.L. and 2
in the P.S. When in the P.S. the Companies were able to march to Monchy and
get shower baths and clean clothing, but change of clothing was still at the
rate of once a fortnight. (Officially, but rarely accomplished.) Of other comforts
there were none. There were frequent warnings of impending attack.'
Dyddiadur C.H.D.W.

Bydd raid i ni gadw'n effro etto heno drwy'r nos; er mor gysglyd ydym.

'Ysbryd yw Duw; a rhaid i bawb a'i haddolai ef, addoli mewn ysbryd a gwirionedd.

Ioan 4: 24.adn.

O! Am gyffyrddiad yr Ysbryd yn nhywyllwch dudew'r nos hon!

13 May 1918 Monday

Branston a May yn cael eu hanfon i fyny i ryddhau Hopkins a minnau.

Gorymdeithio i lawr o'r 'Purple Line' drwy'r gwlaw i bentref Warlingcourt.

'Esmwyth cwsg potes maip.'

14 May 1918 Tuesday

Dros gant o ddynion yn gweld eu hunain yn barod i fynd yn ôl, ond ar y funud olaf yn cael eu hysbysu nad oeddent i fynd.

15 May 1918 Wednesday

Diwrnod cynnes odiaeth.

Heulwen Mai yn sirioli popeth.

Paratoadau mawrion ar gyfer ymladdfa pa ochr bynnag fydd yr ymosodydd. Y dynion a gedwid yn ôl ddoe yn cael eu hanfon i fyny heddyw ar ôl un dydd o orphwys.

Pymtheg milltir o daith drwy'r tês.

Heddyw bûm ar 'orderly duty', ac am naw o'r gloch heno anfonwyd fi i Pomieros wyth milltir oddi yma. Cefais bicycle a dychwelais oddeutu hanner y nos.

16 May 1918 Thursday

Signalling parade in the morning.

R. S. M. Stevenson arrives from England.

'You may fool all the people some of the time, you can even fool some of the people all the time, but you can't fool all of the people all the time.'

Abraham Lincoln. 16eg Arlywydd yr UDA. Cafodd ei ddyfynnu i ni yn blant lawer o weithiau.

17 May 1918   Friday

Very very warm.

'We are assured that the end is far off. Let us make sure that we have not been very near to it, honourably near, and lost our way. We must know or we miss the way again.'

A.G.G. in the *Daily News*, May 14th 1918 in an article on a letter written by the Austrian Emperor to Prince Sixtus in March 1917, which disclosed a sincere bid for peace, and which brought about negotiations between Austria and France lasting up to Feb. 1918, which were nevertheless apparently underhanded. M. Ribat, Mr Lloyd George and Baron Sanerai being responsible for their breakdown, the other Allies not being informed of this.

Cofnod gwahanol oedd i'r Ymerawdwr Charles 1af o Awstria gytuno ar drafodaethau cyfrinachol heddwch gyda Ffrainc, gan ddefnyddio ei frawd yng nghyfraith, Tywysog Sixtus o Bourbon-Palma, a oedd yn swyddog ym Myddin Gwlad Belg fel cyfryngwr. Mynnodd y Cynghreiriaid y dylai Awstria gydnabod hawl tiroedd yr Eidal, ond gwrthododd Charles ac felly ni wnaed unrhyw gytundeb.

This village was bombed tonight. Several were killed including two Gren. Gds. officers.

18 May 1918   Saturday

Cyffro mawr neithiwr oddeutu un o'r gloch y bore.

*'A'r Iesu a ddywedodd, I farn y deuthum i'r byd hwn; fel y gwelai
y rhai nid ydynt yn gweled, ac y rhai sydd yn gweled yn ddeillion.'*

Ioan 9: 39

Er cof am Edward Breese, Caegofrydd, Aberhosan, yr hwn
a syrthiodd ar faes y gwaed yn Ffrainc. Mawrth 25ain yn 26
mlwydd oed.

*'Draw ymhell ar y Cyfandir,
Y gorphwysa'i farwol ran,
Nis gall mam, na chwaer, na brodyr
Ollwng deigryn ar y fan;
Gwlith y Nefoedd fyddo'n disgyn
I eneinio'i letty llwch,
Planed tyner fysedd gwanwyn
Hyfryd flodau arno'n drwch.'*

J. Richards, Aberhosan, County Times

19 May 1918   Whit Sunday

Bore heddyw aeth Cecil K. White a minnau i'r coed sydd ar y
llechwedd yr ochr arall i'r pentref, ac yno buom yn ymgomio ac
yn dadlau ynghylch anfarwoldeb yr enaid, a thragwyddol gosb
a phethau eraill. Yr oedd ein syniadau yn bur groes, ac yn ddiau
yn bur fâs, ond os bu sôn am y pethau hyn yn foddion i ni feddwl
mwy amdanynt fe atebant bwrpas da. Rhyw anfodlonrwydd ac
anniddigrwydd am fy mywyd a'm sefyllfa sydd yn fy mhoeni.
Tybed a wyf mewn gwirionedd yn ymbellhau ac yn gwrthgilio.
Mae fy meddwl yn faterol a chnawdol, a'm hysbryd yn oer a
chras. Yr wyf yn teimlo rhyw iasau o hiraeth am wir fwyniant
y bywyd ysbrydol, a'm gweddi yw:

*'Tro'r awelon
Oera'u rhyw yn nefol hin.'*

20 May 1918 Whitsun Monday BANK HOLIDAY

The Lucky Ones

'Boys from the playing field, boys from the playing field,
They had no pretty one to love them, you say,
Life had just started when they departed.
Life was all tomorrow and they died today.

'So they left unfinished the songs they were writing
And went to the fighting – their hope still intact;
Their songs were the rarest, their first love the fairest,
Life was a dream still, and not yet grown a fact.

'It's a long long way' was the song they were singing,
As they went swinging along with their load,
It was further than they guessed, but they trudged it with the best.
And took their dreams and left us on the empty road.

'Their frail Young philosophy was still a haunting splendour.
Life a perfumed wonder too delicate to touch.
Are they not the lucky ones, those poor, dead, plucky ones?
Though their joys were shadows – do they miss so much?'

Rosaleen I. Graves, The Spectator

21 May 1918   Whitsun Tuesday

'These things are given so that the world may become a better
place to live in, so that homes may be rebuilt, and suffering
relieved, so that the stain of destruction may be wiped off the
face of the earth, so that wherever force goes so shall mercy and
assistance go also. When you give, give absolutely all that you
can, and do not even think yourself generous. If you admire
yourself for giving, you are not giving at all.

Pres. Wilson in a speech at the 'American Red Cross'

'Friendship is the only cement that will ever bind the world
together.'

Pres. Wilson

22 May 1918   Wednesday

Hynod o gynnes.

Ymson milwr am ei gartref
'Fy Nghartref yw eilun fy nghalon.
Mae'n annwyl os pell yw ef;
Mae meddwl am dano yng ngwlyb ffos,
Yn cadw fy mraich yn gref;
Mae nhad yn gweddïo yn f'enaid.
Tra'r pridd a'r llaid tan fy nhraed;
A ffydd yr hen aelwyd o'm mewn yn rym
Yng nghanol gruddfan a gwaed.
Rhwng tyrrau o gnawd a gwaed!

'Fy Nghartref, os na chaf ei weled
Byth etto, ei ddarlun gwiw
Fydd ar len fy mywyd pan roddaf lam
O'r mwg a'r tân at fy Nuw;
Mil cryfach ei weddi'n fy ysbryd
Na dychryn y cledd a'r fflam.
A gwn fod gwarchodaeth fy Iôr o'm cylch
Tra pery gweddi fy mam.
Mae'r Iesu yn ffrynd i fy mam.'

B. H. Jones (Mab yr Awen), Llandybïe

23 May 1918   Thursday

Y tywydd yn gyfnewid.

Minnau'n 'Orderly' y prydnawn.

24 May 1918   Friday

Am naw o'r gloch bore heddyw yn cael fy rhybuddio i fynd i fyny i'r line, a chychwyn gyda naw arall dan arweiniad Sergt. Major Stevenson.

Neithiwr fe glwyfwyd Pricket ac Evans yn No 3. Co. ac mae Willby a minnau wedi dod i gymryd eu lle.

95

25 May 1918   Saturday

Clirio i fyny etto heddyw.

Haul ar fryn ar ôl y gwlaw.

Heno byddwn yn mynd i fyny – symyd i fyny i ryw safle arall. Mae'r gelyn wedi bod yn taflu tynelli o haiarn drosodd o'n cwmpas yma neithiwr a heddyw.

Canoedd o dunelli hefyd.

'Wedi iddo ddywedyd y pethau hyn, un o'r swyddogion a'r oedd yn sefyll gerllaw a roddes gernod i'r Iesu, gan ddywedyd, Ai felly yr wyt yn ateb yr arch-offeiriad?'

Ioan 18: 22

Cwestiwn ac ymddygiad a lliw'r Fyddin arno.

26 May 1918   Trinity Sunday

Cael ein shellio yn arswydus ar ôl cyrhaedd.

Diwrnod digon prysur.

Yn y llinell flaenaf.

27 May 1918   Monday

Gryn lawer o brysurdeb etto – a gormod lawer o dân.

Neithiwr lladdwyd Roberts T. W. 3486 Caerdydd.

Nifer o ddynion o'r pedwerydd cwmni yn mynd drosodd heno i dalu ymweliad bach annisgwyliadwy â'r gelyn. Collwyd tri, a chlwyfwyd amryw.

28 May 1918   Tuesday

Rhingyll Sergt Roberts yn cael ei ladd.

---

333 Sergt. Roberts, F.J.C. (Northwich) Lladdwyd ar faes y gâd.

Y tywydd yn hyfryd gynes.

29 May 1918   Wednesday

'Pererin llesg a llaith
Ddechreuodd daith oedd bell
Trwy lu o elynion mawr eu brad
Gan geisio gwlad sydd well.'

Yr wyf yn hoffi'r gair 'llaith'. Y mae yn briodol dros ben, dengys ein meddalwch, a'n lludded, a'n blinder. Heno wrth groesi i fynd yn ôl i'r 'Purple Line' teimlwn yn wirioneddol laith a digalon – ond daeth rhywbeth fel hyn i fy meddwl: paid torri dy galon. Mi fuasai yn llawer gwaeth arnat pe na buasai yr Un Duw yn bod, a phe na fuasai gennyt Groes i edrych arni – a Gwaredwr croeshoeliedig i ddisgwyl wrtho.

30 May 1918   Thursday

Derbyn amryw o lythyrau – un oddi wrth David Jervis y Felin yn eu plith.

Heddyw clywais am farwolaeth John Pugh, Esgairgoch a'i gladdu yn Llawryglyn.

'Aros mae'r mynyddoedd mawr
Rhuo drostynt mae y gwynt.'

31 May 1918   Friday

Bore hyfryd etto.

Yn ei lythyr dywedai David Jervis fod yn dda ganddo fod crefydd Mab Duw yn dal ei gafael ynof. Wel gobeithio ei bod yn dal ei gafael – os na deil hi ei gafael, nid ellir disgwyl i ddim arall wneud.

Gofynnodd hefyd i mi a fuaswn yn foddlon mynd i'r nefoedd pe buaswn yn cael. Pe buasai i fe a minnau i gyfarfod yn Llundain a mynd i'r nefoedd gyda'n gilydd oddiyno, a fuaswn i yn foddlon dod?

Rhoddaf y cwestiwn i mi fy hun.

1 June 1918   Saturday

Symud neithiwr i le arall. Gan ein bod yn ymyl Bn. Hq. nid oes angen am bellseinydd ac am hynny y mae yn dipyn esmwythach.

Aethom i gysgu heno yn dawel. Ond ar hanner nos y bu gwaedd:

Gas   Gas   Gas

Mewn ychydig eiliadau yr oedd fy masg am fy ngwyneb ac yna yr oeddwn yn ddiogel. Fe anfonodd y gelyn wmbrath ohono drosodd, ac yr oeddem yn teimlo ei fod mor dew, weithiau, nes credu ein bod yn rhodio ar hyd glyn cysgod angau.

Er bod defnydd cemegion gwenwynig fel arfau yn dyddio yn ôl gannoedd o flynyddoedd, roedd y defnydd cyntaf ar raddfa fawr yn ystod y Rhyfel Byd Cyntaf. Daethpwyd â nwyon gwenwynig fel rhan o strategaeth filwrol. 'It never proved decisive in winning a battle.' Roedd dros ddeg ar hugain math gwahanol o'r nwy. Roedd ei effaith yn enbyd, gan achosi marwolaeth araf a phoenus, a dyma'r atgof mwyaf dychrynllyd ac ofnadwy o holl agweddau'r rhyfel. Roedd ei ddefnydd gan bob ochr drwy gydol yr ymladd yn gyfystyr â throsedd rhyfel gan ei fod yn torri Datganiad Hague 1899 ar Nwyon sy'n Mygu a Chonfensiwn Hague 1907 ar Rhyfel ar y Tir oedd yn gwahardd defnyddio gwenwyn neu arfau

Milwyr wedi'u dallu gan nwyon gwenwynig yn disgwyl ymgeledd.

gwenwynig mewn rhyfel. Mae rhai haneswyr yn dadlau mai'r Cynghreiriaid
oedd y cyntaf i'w defnyddio.

"The widespread use of chemical warfare, and wartime advances in the
composition of high explosives during during W.W.I. led to the term that it was
"the chemist's war" and also the era where "weapons of mass destruction" were
created." Wikipedia.

Bu Kenrick Vaughan Evans, hen-ewythyr Gaynor, merch-yng-nghyfraith
S O Tudor, yn gweithio yn y diwidiant nwyon. Mab oedd i W. Gwenlyn Evans,
1852–1921, Cyhoeddwr ac Argraffwr yng Nghaernarfon. Roedd Kenrick yng
Ngholeg Aberystwyth yn astudio Cemeg pan dorrodd y Rhyfel Byd Cyntaf
ar ei gwrs. Ymunodd â'r Llynges yn 1916 a thrwy'r rhyfel bu'n cynhyrchu
nwyon gwenwynig yn Llundain. Wedyn bu yn y Swyddfa Ryfel yn cyflawni
arbrofion cyfrinachol iawn ynglŷn â milwriaeth gemegol. Yn amlwg felly, roedd
llywodraethau Prydain yn parhau i weithredu yn groes i Gonfensiwn Hague ac
yn groes i 'Protocol Geneva', gytunwyd yn 1925, oedd yn gwahardd defnyddio
nwyon gwenwynig ac arfau biolegol.

Yr arfer gyffredin wrth ddefnyddio'r nwy oedd i ollwng y nwy am oddeutu 40
munud am 4.00pm, wedi'i ddilyn gan 15 munud o ollwng bomiau neu daflegrau.
Yna byddai fflêrs yn cael eu tanio, a byddai'r milwyr yn ymosod o'r ffosydd.
Byddai'r drefn wrth gwrs wedi rhoi digon o rybudd i'r gelyn am yr ymosodiad.

Mae Robert Graves (Ffiwsilwyr Cymreig) yn Goodbye to All That yn
disgrifio'r defnydd o'r nwy fel hyn:

'R. E. captain commanding the gas-company in the front line reported to
divisional HQ: "dead calm. Impossible discharge accessory." The answer he
got was: "Accessory to be discharged at all costs." Most of the spanners for
unscrewing the cocks of the cylinders were misfits, however they managed
to discharge one or two cylinders; the gas went whistling out, forming a thick
cloud a few yards off in No Man's Land, and then gradually spread back into our
trenches. The Germans had been expecting gas and opened their batteries on
our lines. The confusion in the front trench must have been horrible; direct hits
broke several cylinders, the trench filled with gas. Germans stayed absolutely
silent, it looked as if all the men in the front trench were dead. As a precaution,
rather than attack, the brigadier ordered a Cameroon officer and twenty-
five men to go out as a feeling-patrol. When they reached the German wire,
there came a burst of machine-gun fire; only two wounded men regained the
trench.' Following the forty minutes gas discharge the intense bombardment
concentrated on the German front trench and wire but often a good many fell
short and we had further casualties from them.

The trenches stank with a gas-blood-lyddite-latrine smell. We sprayed the
trenches and dug-outs to get rid of the gas. We spent all that night getting

in the wounded of the Royal Welch, the Middlesex, and those of the Argyll and Sutherland Highlanders who had attacked the front trench. The Germans behaved generously. I do not remember a shot fired that night, though we kept on until it was nearly dawn and we could be seen quite plainly; then they fired a few warning shots, and we gave it up. By this time we had recovered all of the wounded and most of the Royal Welch dead. The A&S suffered 700 casualties including 14 officers out of the 16 who went over; the Middlesex, 550, including 11 officers killed. Three Middlesex officers came back un-wounded, including Hill and Henry, two recently commissioned 2nd-Lieut. They reported back to Middlesex H.Q. The colonel and adjutant were sitting down to a meat pie. Henry said: "Come to report, sir. Ourselves and about 90 men of all companies." They looked up dully. "So you've survived, have you?" and proceeded to assign the three to the remnants of the four companies. "Let me know where to find you if you're needed. Good Night." Without offering a piece of pie or whiskey. The adjutant called them back. 'Mr Hill! Mr Henry!' 'Sir?' 'Mr Hill, Mr Henry, I saw some men in the trench just now with their shoulder-straps unbuttoned and their Equipment fastened anyhow. See that this does not occur in future. That's all.' Henry heard the colonel from his bunk complaining that he had only two blankets and that it was a deucedly cold night.

2 June 1918   Sunday

Mynd allan bore heddyw i drwsio'r wifren.

Diwrnod braf iawn.

O! Am ordinhadau'r Efengyl etto unwaith.

Heno aethom i fyny drachefn ond ar hanner y nos y bu gwaedd.

Stand To. Yr oedd pob dyn yn barod mewn munud â'i fidog ar flaen ei ddryll. Mae'n debyg fod y gelyn wedi gwneyd 'raid' yn rhywle ac i rywun anfon S.O.S. i fyny.

3 June 1918   Monday

Y tywydd etto'n hyfryd.

Pan roddais y cwestiwn ofynodd David Jervis i mi i gyfaill i mi o'r enw Thomas dywedodd yn union fod y cwestiwn yn awgrymu, neu ein bod ni ein hunain yn awgrymu wrth feddwl amdano, er mor dda gennym fynd i'r nefoedd pan fydd raid mynd, etto mor ymlyngar ydym wrth y ddaear a'i gariad gwael.

4 June 1918   Tuesday

Mynd yn ôl i'r 'Purple Line' heno.

Aros i fyny efo'r hen phone, dim byd o gwbl yn dod trwodd y Meistr Cwsg a'i ddwylaw trwm yn fy ngwasgu – yn ceisio fy ngwasgu i'w freichiau. Ymdrechfa galed i gadw'n effro.

5 June 1918   Wednesday

Y tywydd yn boeth.

Cael 'bath' a dillad glân.

6 June 1918   Thursday

Allan o'r ffosydd yma bore heddyw i rai eraill yn ymyl Monchy. Nid oedd gennym ffordd bell i fynd a gynted i ni gyrraedd a chael ffôs sech i orwedd ynddi, rhoddais yr oil sheet i lawr,

Milwyr o'r Gwarchodlu Cymreig ar y Somme, Medi 1916.

gorweddais rhoddais fy nghôt fawr drosof a chysgais am oddeutu pedair awr fel pren.

Gorwedd efo Wilby yn yr un fan heno.

7 June 1918 Friday

Cael ein deffro yn y bore gan un o'r 'rhedwyr' yr hwn oedd wedi dod â'n boreufwyd gydag ef. 'Come on: wake up. Breakfast is up.' Ac yr oedd yna ddigonedd o gig moch hyfryd a 'dip'.

Byddwn yn symud oddi yma etto heddyw. Mi gei wybod pa bryd ac i ba le etto yr hen ddyddiadur.

Bore da nawr.

Cychwyn oddeutu hanner awr wedi pump, ac ar ôl cerdded tipyn cymryd trên a chyrraedd Govi, a cherdded oddi yno i Barly.

'Excellent weather prevailed while at Barly, quite a lot of useful training was carried out. The battalion was quartered in and around the château grounds – most of the men in tents under the trees in the park; younger officers also in tents, the Commanders had rooms in the château. The Division H. Q. were at Saulty.' *Dyddiadur C.H.D.W.*

---

8 June 1918 Saturday

Gorwedd mewn ysgubor neithiwr ond yr oedd cysgu yn amhosibl oherwydd llygod mawr. Yr oedd cannoedd ohonynt mi gredaf, yr oeddent yn rhedeg ar draws ac ar hyd y gwellt ar ba un y gorweddem, yn sgrechian ac yn neidio ac yr oeddent mewn gwirionedd yn blino mwy arnaf na'r tân belenni yn y 'line'.

Symud yn ôl i No. 4 bore heddyw.

9 June 1918 Sunday

Gorymdeithio bore heddyw i gyfarfod Ymneillduol ac ar ôl y gwasanaeth cyfranogasom o Sacrament Swper yr Arglwydd ac yr oedd Wilson Lloyd, Sidney H. Parry, Tom Jones Johnson a Cpl. Gammon yn bresennol gydag eraill.

2285 Cpl. Gammon, W.G. (Merthyr) anafwyd ddwywaith.

Heno bûm mewn cyfarfod mewn Eglwys fechan Brotestanaidd yn y pentref hwn. Mae'n debyg fod rhai o ddisgynyddion yr Hugoeniaid yn yr ardal, ac wedi glynu wrth Brotestaniaeth ar hyd yr oesoedd, er gwaethaf holl allu ac awdurdod Pabyddiaeth.

Yr oedd amryw o'r R.A.M.C. yno heno.

10 June 1918 Monday

Dim byd neillduol iawn.

Y peth gwaethaf a glywais yw fod Dafydd fy mrawd, ac yntau ond newydd droi deunaw oed, wedi mynd i'r Fyddin er dydd Iau diwethaf. Y mae yn wir ddrwg ddrwg gennyf glywed hefyd.

David Thomas Tudor 1899–1968. Ymunodd â'r Ffiwsilwyr Cymreig.

Mae cyfeiriadau ar ddiwedd y dyddiadur yn cynnwys 90131 Pte. David Tudor. C. Coy. 3rd RWF. King's Island, Limerick, Ireland.

Esboniad tebygol pam fod David wedi'i anfon i Limerick oedd, y cafwyd si yn Hydref 1917 fod ymosodiad tebygol ar fin digwydd ar arfordir Gogledd Ddwyrain Lloegr, ac anfonwyd sawl bataliwn i amddiffyn yr ardal. Cafodd holl ddynion iach y Drydedd Garrison Bataliwn, y Ffiwsilwyr Cymreig eu hanfon dan rhybudd 24 awr i York (Efrog). Serch hynny, oherwydd camgymeriad yn y neges Côd Morse, a roddodd 'C' yn lle 'Y', anfonwyd y bataliwn cyfan i Cork, Iwerddon, lle wnaethon nhw aros hyd ddiwedd y rhyfel. Mae'n bosib bod y 3ydd Gatrawd o'r R.W.F. wedi aros yn Yr Iwerddon oherwydd yr anghydfod ynglyn â mesur Lloyd George achosodd gymaint o gynnwrf a helynt, sydd yn parhau hyd heddiw.

Mae hanesyn diddorol ynglŷn ag enwi cefnder i Stephen a David, a anwyd ar 28ain Awst. Mab i Elizabeth Griffiths 1880–1961 (nee Owen) ac Evan Griffiths 1874–1953. Oherwydd bod y ddau gefnder yn y Fyddin anogwyd y rhieni i enwi'r babi yn David Stephen. Bu farw David Stephen, Braichyfedw, Staylittle ar 14eg Rhagfyr 2009 yn 91 mlwydd oed.

Mewn llythyr oddi cartref ddoe yr oedd y newydd prudd fod Thomas John (Pantrhedyn gynt) wedi ei ladd drwy i geffyl redeg.

Mae Richard ei frawd yn y wlad ddiffaeth hon.

Yr wyf yn bwriadu mynd i'r capel bach etto heno.

11 June 1918   Tuesday

Codi am 5.30a.m.

Do, bûm yn y 'capel bach' neithiwr fel y bwriedais, ac yr oedd yno gynulleidfa o yn agos i ddeg ar hugain o filwyr Prydeinig gyda chaplan yn bresennol – yn eu plith rhyw dri neu bedwar o'r Welsh Guards. Cafwyd cyfarfod cynnes, a gwerthfawr i enaid anghenus. Ar y diwedd canasom yr emyn anfarwol, 'When I survey the wondrous Cross' gydag eneiniad diamheuol. Ar ôl y cyfarfod euthum i â dyn o'r enw Fry o No. 3 Co. i fyny'r ffordd gydag amryw o'r R.A.M.C. a'r R. E's ac ar ôl eistedd mewn llecyn dymunol yng nghysgod gwrych buom yn canu cerddi'r Arglwydd mewn gwlad ddieithr, gyda blas heb fod yn ddieithr – a gobeithio na chaiff fod yn ddieithr etto. Un peth cyfeiriaf atto sef fod y gweddïau oll yn pwyntio at un peth, sef: Diwygiad.

Roll On.

Diwrnod prysur iawn.

12 June 1918   Wednesday

Codi am 5a.m.

Y tywydd yn gynnes.

Heno euthum i bentref o'r enw Hauteville rhyw ddwy neu dair milltir oddi yma i weled fy nghefnder, David Hugh Morgan, Tyncelyn, yr hwn sydd wedi dod i'r wlad hon yn ddiweddar. Dywedwyd wrthyf gan un o'r dynion yma ei fod yn holi amdanaf. Ac ar ôl mynd yno mi a'i gwelais, a chawsom sgwrs ddifyr am yr hen ardal a'r hen bethau.

Mab i Sarah Jane Morgan (Tudor gynt) 1860–1941 oedd yn chwaer i dad S O Tudor.

13 June 1918   Thursday

Lieut. Upjohn takes up the Signallers.

This evening the 3rd Brigade. (1st W.G. 1st Gren. G. & 2nd Scots G.) had a lecture on Physical fitness and training by a Major. The lecture was demonstrated by feats with the bayonet by a savage looking Sgt. Major and it was all illumed all through with very luminous language by the lecturer.

Mae hanes wedi datgelu bod Cabinet Llywodraeth Prydain yn Mehefin 1918, oherwydd bod y rhyfel yn ôl adroddiadau yn ymddangos yn drychinebus, wedi ystyried ymgiliad o Ffrainc.

14 June 1918   Friday

Heno bûm yn y 'capel bach' drachefn, ac yr oedd yno nifer dda yn bresennol o dan gaplan, a chafwyd gyfarfod dymunol iawn. Ar ôl y cyfarfod bûm gyda'r un cwmni â'r noson o'r blaen am ychydig amser a chanasom fel o'r blaen. Yr oedd Tom Jones a Dan Lewis gyda mi hefyd.

> 'Ni wnaed yr enaid hwn erioed
> I garu llwch y llawr.'

15 June 1918   Saturday

The week in some respects has been quite uneventful. Of course, everything is uneventful to me from a military point of view, and one week is just as dull as another. Nevertheless, it is a blessing to be out of the line – and we have spent a week clean out of it and look forward to another one also. The only thing worth comment is that Sergeant Griffith was reduced to Corporal, and on refusing to go on parade the next day was remanded for a Court Martial. He was certainly one of the best N.C.O's in the battn .

Apart from these things my meeting with my cousin, D. H. Morgan, was rather strange; and still more edifying have been the meetings with Christian brethren in this village.

16 June 1918   Sunday

Deffro yn rhynllyd a chrynedig gan oerni oblegid yr ydym yn gorwedd ar lawr ar yr 'oil sheet' heb ddim ond côt fawr drosom – a'r canlyniad yw ein bod yn oer a sgrytian yn codi. Buom yn dangos ein cotiau mawr ar 'breakfast parade' ac am ddeg o'r goch gorymdeithio gyda'r Ymneilltuwyr i'r gwasanaeth milwrol, a chawsom yn wir bregeth dda iawn gan y Caplan Sidney Jones, ym mha un y dywedodd nad oedd y Brenin Mawr yn gorthrymu arnom i amlygu ei fodolaeth ond yn gadael lle i ffydd ac ymddiriedaeth, ac fod yn rhaid i'r gynneddf honno gael ei dadblygu ynom.

Yn y prydnawn am hanner awr wedi dau euthum i ddosbarth beibl gynhaliwyd yn y 'capel bach' yn y pentref, a chawsom anerchiad ar 'Egwyddor Cariad' gan un o'r R A M C. Dychwelais yma ac ar ôl ysgrifennu llythyr at Dafydd yr wyf yn mynd i'r 'capel bach' etto i gyfarfod y nos.

---

sgrytian = crynu a rhincian, fel dannedd rhywun sy'n oer.

cynneddf = un o nodweddion y meddwl [faculty] neu anian.

---

17 June 1918   Monday

Nid wyf yn cofio dim byd o bwys am heddyw.

Cymaint o ddyddiau sydd yn mynd heibio nad oes dim anghyffredin yn digwydd; etto i gyd, mae pob un ohonynt mor hanfodol bwysig a'r dyddiau mwyaf cythryblus a therfysglyd; yn enwedig ym myd mawr yr enaid. Mae iachawdwriaeth pechadur yn beth sydd yn cael ei weithio allan mewn storom yr un fath ag mewn hindda y nos fel y dydd y gaeaf fel yr haf. Pob munud yn dwyn yn ei breichiau i'r tragwyddol fyd pell, naill ai anghrediniaeth neu ffydd.

18 June 1918   Tuesday

Signalling becomes interesting.

At 11.30a.m. our company was marched for inoculation, and I was included in the party.

About nineteen months have gone since my last injection, the effects of which, it can be safely said, have followed the footsteps of the nineteen months – and 'gone'.

'Canys digofaint Duw a ddatguddiwyd o'r nef yn erbyn pob annuwioldeb ac anghyfiawnder dynion, y rhai sydd yn atal y gwirionedd mewn anghyfiawnder.'

Rhuf. 1: 8.

19 June 1918   Wednesday

'Neu a wyt ti yn diystyru golud ei ddaioni ef, a'i ddioddefgarwch a'i ymaros heb wybod bod daioni Duw yn dy dywys di i edifeirwch? Eithr yn ôl dy galedrwydd, a'th galon ddiedifeiriol, yr wyt yn trysori i ti dy hun ddigofaint erbyn dydd y digofaint, a datguddiad cyfiawn farn Duw.'

Rhuf 2: 4-5

Diwrnod gwlyb iawn.

Minnau yn gorwedd drwy'r dydd gan ein bod wedi ein hesgusodi o bob gwaith dros heddyw.

20 June 1918   Thursday

Neithiwr cefais freuddwyd ryfedd, mor ryfedd nes oeri fy nghalon, a pheri i mi deimlo yn ddiolchgar mai ar lawr caled yn Ffrainc yr oeddwn, ac nid yn mynd drwy yr hyn oeddwn yn ei freuddwydio.

Nid oes eisiau i mi adrodd y freuddwyd – ond dyma fi yn gwneyd nodiad ohoni, ac yn ei throsglwyddo i blith dy drysorau di, yr hen ffrind – fy nyddiadur ffyddlon. Hwyrach, pe adroddwn y freuddwyd i'r pennaf ffrind mai chwerthin fyddai'r canlyniad – ond mi gadwaf fi y neges yn fy nghalon ac mi ddisgwyliaf yn ddyfal sut y try pethau allan.

Bûm yn y Capel neithiwr ac mi âf heno.

21 June 1918 Friday

'That we who are fatigued by the changes and chances of this fleeting world may repose on Thy eternal changelessness.'

One of the warmest meetings I have had the privilege to attend for many a long day was held tonight.

22 June 1918 Saturday

Heddyw derbyniais lythyr gan fy modryb Elizabeth a'r newydd ynddo iddynt gael cyfarfodydd rhagorol iawn eleni yn Staylittle. Y Parch. W. G. Jones, Llwynpia yn pregethu.

23 June 1918 Sunday

Bore heddyw cael <u>bath</u> a dillad glân – ymgeledd i'r corph, ar ôl hyn euthum i'r gwasanaeth Ymneillduol i ymofyn ymgeledd i'r enaid.

Y prydnawn yma bûm mewn dosbarth Beiblaidd yng nghapel y pentref, ac yr wyf yn bwriadu mynd yno heno etto i'r gwasanaeth hwyrol.

24 June 1918 Monday

Prydnawn heddyw tynnwyd lluniau ein cwmpni ni, sef No. 4.

Nid oedd dim byd arall am wn i yn y cylch bach yr wyf fi yn troi ynddo yn ddigon o bwys i alw am nodiadau ohono.

Roedd pencadlys y gatrawd yn Saulty, ac ar y 22ain o Fehefin, cynhaliwyd sioe farchogaeth yno. Mae disgrifiad o'r dosbarthiadau gwahanol i geffylau'r swyddogion gan gynnwys 'chargers, bare backed mule races and jumping competitions'. Yn Barly ar 30ain Mehefin, ymwelodd Dug Connaught y gatrawd a tystio i gêm bêl droed doniol gyda 25 yr ochr, pedair pêl a hynny rhwng y Gwarchodwyr Cymreig a Bataliwn 1af y Gwarchodwyr Grenadier. 'During this rest period at Barly a series of clever demonstrations in patrolling occurred. The major-general, all the brigadiers and commanding officers assembled to witness one of these demonstrations. The Canadian party were to start about 300yds. away and creep as close as they could to the audience.' *Dyddiadur C.H.D.W.*

Mae bron yn anghredadwy fod y Cabinet yn Whitehall yn y cyfnod hwn, yn trafod cilio o Ffrainc, er gwaetha'r holl golledion, tra roedd yr Uwch Swyddogion yn diddanu eu hunain drwy gemau fel y rhain.

25 June 1918   Tuesday

Y tywydd yn para'n hyfryd.

Dim byd i'w groniclo.

Mae'r cnydau yn y meysydd o'n cwmpas yn tyfu yn anghyffredin.

Mae'n debyg fod argoelion am gynhaeaf mawr hefyd gartref. Ac mae fy nhad yn bur bryderus sut i'w gynhaeafu.

Heno cefais sgwrs â'r Parch. Gaplan Sidney Jones (3rd Brigade).

26 June 1918   Wednesday

Tanio cwrs ar y 'range'.

Heno bûm yn y capel, ac ar ôl y cyfarfod euthum i'r fan lle yr oeddwn wedi cyfarfod â'r brodyr, sef mewn cornel tawel ar un o'r caeau gerllaw y pentref. Yr oedd eu cyfarfod hwy bron terfynu pan gyrhaeddodd Fry a minnau ac yn terfynu yn hyfryd odiaeth hefyd.

27 June 1918   Thursday

Mae'r nosweithiau yn oer, ac ychydig sydd gennym i'n cynhesu, dim ond y gôt fawr ond mae'r dyddiau yn gynnes ac yn ddymunol.

> *'Hiraeth cry a hiraeth creulon*
> *Hiraeth sy' bron torri nghalon*
> *Pan y byddwy'r nos yn cysgu*
> *Fe ddaw hiraeth ac fe'm deffry.'*

28 June 1918   Friday

Today we were on Station work, and I was with Davies & Humphreys on the 2nd Terminal. Suddenly, however, the 'alarm' was blown and we doubled to camp with all our might, and found the battalion in battle order ready to march off. I made one 'holy dive' for my hut, put my kit hastily together and caught the company just as it was moving away. We marched about five kilometers and then on open ground we formed up in companies as for action. The other two battalions 1st Gren. Gds & 2nd Scots Gds. making up the 3rd Brigade were also there. Someone said that the Army Corps Commander was expected to review us but he never appeared, so we marched back, all feeling thankful that it was after all 'bluff' and not the real thing.

29 June 1918   Saturday

Went on parade this morning in 'battle order'. Took our kit back to the billets and carried on with station work.

> 'Canys pwy a wybu feddwl yr Arglwydd? neu pwy a fu gynghorwr iddo ef? Neu pwy a roddes iddo ef yn gyntaf, ac fe a delir iddo drachefn?
>
> 'Canys ohono ef, a thrwyddo ef, ac iddo ef, y mae pob peth, iddo ef y byddo gogoniant yn dragywydd. Amen.'
>
> *Rhuf.XI: 34-36*

30 June 1918   Sunday

Bore heddyw, a mi yn barod i orymdeithio i'r gwasanaeth Ymneillduol, daeth neges i fy rhybuddio i fod wrth yr 'orderly room' am un ar ddeg o'r gloch mewn S.M.O. gyda'r cwbl a feddwn. Euthum yno heb y ddirnadaeth leiaf i ba le yr oeddwn i fynd na pha beth oedd ar fy nghyfer – ond dywedwyd wrthyf am fynd i Bavincourt i'r Divn. Hqrs i gymryd lle Williams, a chefais nodyn i fynd gyda mi.

Yr wyf yno yn awr a byddaf yn dechrau fy ngwaith bore

yfory – a dyna ddigon ar y mater. Trom oedd fy nghalon bore heddyw i ymadael gan fod cyfarfod gweddi Cymraeg i'w gynal yn y capel bach am hanner awr wedi un, ac yr oeddwn wedi tynnu allan daflen o emynau ar ei gyfer. Yr oedd disgwyliad fy nghalon yn uchel am fod yno. Ond dyna fi wedi gorfod ei adael.

Gobeithio iddo fod yn llwyddiant, *'ac yn eglurhad yr Ysbryd a nerth.'*

1 July 1918 Monday

Y diwrnod cyntaf gyda'r newydd waith a bod yn deg nid yw yn waeth na'm disgwyliad – ond yn hytrach llawn cystal. Gobeithio nad ydynt yn disgwyl rhyw lawer yn y dechrau yma. Ond mi wnaf fy ngore.

Yr wyf mewn pabell ddymunol yn un i chwech, ac mae'r cwmni yn cynrychioli pedair cenedl – tri Sais (dau Coldstreamer ac un Gren), un Sgotyn (Scots Gds.) un Gwyddel (Irish Gds.) a minnau yn un Cymro (Welsh Gds.).

'Canys pa un bynnag yr ydym a'i byw, i'r Arglwydd yr ydym yn byw, a'i marw, i'r Arglwydd yr ydym yn marw, am hynny pa un bynnag yr ydym, a'i byw a'i marw, eiddo'r Arglwydd ydym.'

2 July 1918   Tuesday

Out this morning on the 'loop sets'.

This afternoon I had a delightful bath – and clean change.

A very hot day.

3 July 1918   Wednesday

'Loop sets' again.

Heno, aethum i Barly i weld rhai o'r hen gyfeillion.

Llawenydd mawr i mi oedd deall i'r cyfarfod gweddi dydd Sul fod yn llwyddiant. Gofid mawr i mi oedd ei golli ond gobeithio i mi gael fy nghynhyrfu a'i Ysbryd, a'm llenwi a'i Fendith er yn absennol.

Teimlaf heno ar fy nghalon i wneud nodiad o ofal digamsyniol y nefoedd amdanaf bob cam o'r ffordd ymlaen. Mae'r Brenin Mawr yn adwaen fy eisteddfa a'm cyfodiad ac yn hysbys iawn yn fy holl ffyrdd, ac yr wyf yn teimlo fod Ei law Ef arnaf mewn modd arbennig, a'i fod yn gwylied drosof yn Ei Ragluniaeth dragwyddol.

4 July 1918   Thursday

There is an epidemic of influenza amongst the troops around here.

Marwolaeth Arglwydd Rhondda y Gweinidog Ymborth Prydeinig yn cymryd lle heddyw. Mae ei enw yn fyd adnabyddus fel masnachwr.

> 'Gwyn ei fyd yr hwn ag mae Duw Jacob yn gymorth iddo, yr hwn sydd â'i obaith yn yr Arglwydd ei Dduw.'
>
> Ps. 46: 5

> 'Yr Arglwydd sydd hoff ganddo y rhai a'i hofnant Ef: sef y rhai a ddisgwyliant wrth ei drugaredd Ef.'

5 July 1918   Friday

Although I have been on this job since Monday, I have not yet said what it is, only references to it as something new; however it is the wireless Signalling Section I am attached to.

Symud i fyny heddyw. Yr Adran yn cymryd y llinell drosodd y dyddiau hyn.

> 'Mi a wyddom hefyd am pa bethau bynag y mae'r ddeddf yn eu ddywedyd, mai wrth y rhai sydd dan y ddeddf y mae hi yn eu dywedyd: fel y cauer pob genau, ac y byddo yr holl fyd dan farn Duw.'
>
> Rhuf. 3: 19

6 July 1918   Saturday

Mynd i fyny'r llinell heddyw, ac i weithio gyda Mr Andrews a Sharp ar y gatrawd chwith (left Battn). Rhyddhau'r Lanc. Fus. Y Welsh Gds. yn cymryd trosodd.

Chwysfa galed i gyrraedd.

'On July 6th the battalion relieved the 15th Lancashire Fusiliers in the left sector opposite Boyelles. The front trench had been deepened – so that a tour of the line could be made in daylight. The brigade now held a one-battalion front, one in support on Hill115 (Monchy) and one in reserve in trenches south of Blairville.'

'Whilst in this sector the battalion was drawn much closer to the artillery than ever before. Up to that time the artillery officers were only known to Battalion H.Q. and not to the Company Officers. The headquarters mess became a place where Company Officers dropped in to tea and dinner, all gathered together in a small place at Blairville. The mess in both reserve and support headquarters was quite good, many an amusing yarn was told after dinner in these places … At this time polo was played practically in sight of the enemy. On a clear day, one could see the hill of Monchy from the polo-ground. The C.O. (Captain; Acting Lieut.-Col. while commanding 1st Battn. Welsh Gds. invalided to England 24.8.18. Mentioned in Despatches 3 times and awarded D.S.O.) and Keith Menzies (Lieut., promoted Captain 20.5.18) were the chief players – the Brigadier played also.' *Dyddiadur C.H.D.W.*

Signalwyr yn gwylio symudiadau'r gelyn ger Arras yn Ebrill 1917. Anfonid negeseuon at y magnelwyr drwy ffonau maes er mwyn iddynt dargedu'n well.
© Imperial war Museum

7 July 1918 Sunday

'Eithr i'r neb nid yw yn gweithio ond yn credu yn yr hwn sydd yn cyfiawnhau yr annuwiol, ei ffydd ef a gyfrifir yn gyfiawnder.

Rhuf. IV: 5.

Bore Sabath arall yn y line. Un peth yn unig sydd ar fy nghalon: sef Diolch am yr Hwn sydd yn cyfiawnhau yr annuwiol. Yr wyf wedi bod yn darllen yr Ep. at y Rhuf. yn ystod y pythefnos ddiweddaf ac yn dechrau gweld ymylon y cyfiawnhad trwy ffydd yn Ei waed Ef.

8 July 1918 Monday

Nis gwn a fedraf groniclo y cwbwl sydd wedi digwydd yn y diwrnod rhyfedd hwn.

Aethum i ymofyn y rations gryn bellter ac yr oedd cur trwm yn fy mhen, a phigyn yn fy ochr. Yr oeddwn yn gwla iawn ddoe, ond yn llawer gwaeth heddyw. Oddeutu pump o'r gloch es i weld y meddyg, yr oedd fy ngwres yn gant a phedwar a rhoddodd bapur i mi fynd i Ysbyty. Yr oedd yn rhaid cerdded i Blairville ac nid anghofiaf fyth y daith. Wedi i mi gyrhaedd y groesffordd (y mae'r gelyn yn arfer anfon llawer o haiarn arni) yr oedd yno beth codiad tir a gallwn weld y llinell dân, y pryd hynny yn ymestyn o'r fan lle yr oeddwn i, tua'r gorwel du. Yr oedd ein gynnau ni ar y pryd yn taranu marwolaeth, yr oedd y wlad anrheithiedig yn dywyll gan fwg, ac yr oedd yr olygfa yn ddigon i dorri calon. Cyn cyrhaedd Blairville fe'm daliodd modur cerbyd Y Groes Goch a chefais fy nwyn ynddo.

9 July 1918 Tuesday

I fynd ymlaen â'r holl stori, wedi cyrhaedd y 'Dressing Stn.' yn Blairville neithiwr rhoddwyd fi yn fuan mewn cerbyd gyda phedwar arall wedi fy marcio P.U.O. 'Pain of unknown origin' ac awd â ni i'r D.R.S. Yno, rhoddwyd fi ar 'stretcher' ac nid anghofiaf gael fy nghario ar y cyfryw. Gorweddwn fel marw

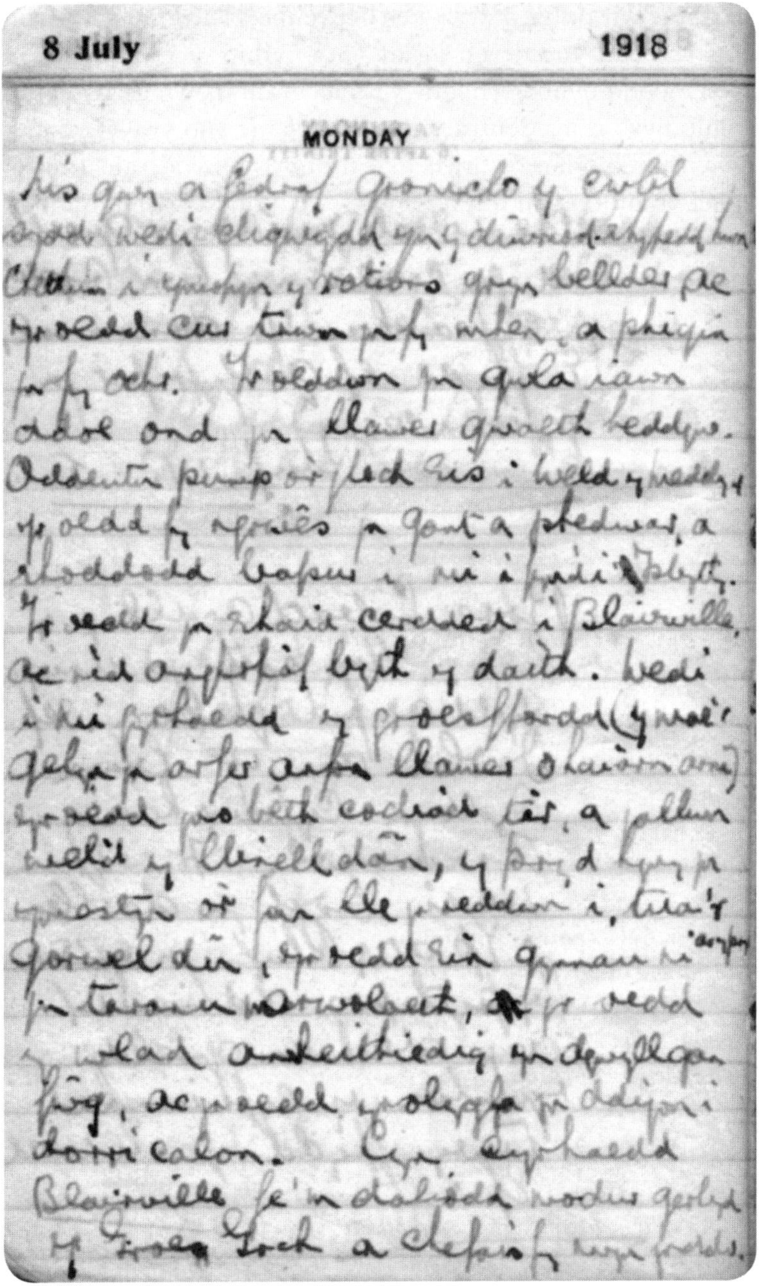

8 July
1918
MONDAY

ac ni welwn ddim ond yr awyr uwchben yn unig, a'r noson hon yr oedd yn edrych arnaf yn fygythiol a gwgus (sef yr awyr). Fodd bynnag rhoddwyd fi ac eraill mewn cerbyd arall a chludwyd ni i'r Central Clearing Stn. ac yno yr wyf yn awr mewn gwely glân, yr hwn mae'n debyg y bydd raid i mi ei adael yn union gan fod fy ngwres wedi dod i lawr, a minnau yn llawer gwell.

> *'Gwna i weld y byd a'i stormydd*
> *Yn diflannu cyn bo hir.*
> *Doed i'r golwg dros y bryniau*
> *Ran o'r nefol hyfryd dir.'*

Mae 'PUO' yn llawysgrif fer i ddynodi y cyflwr a elwir yn PYREXIA – sef gwres uchel. Mae'n cael ei gamddehongli yn y dyddiadur hwn fel 'pain of unknown origin'!

---

10 July 1918   Wednesday

Rhyw ddeunaw ohonom yn disgwyl cael ein symud heddyw, ond nis gwyddom pa bryd cawn fynd.

Bwrw gwlaw yn drwm heno.

> *'Cawn esgyn o'r dyrys anialwch*
> *I'r beraidd baradwys i fyw.*
> *Ein henaid blinedig gaiff orphwys*
> *Yn dawel ar fynwes ein Duw.*
> *Diangfa dragwyddol geir yno*
> *Ar bechod cystuddiau a phoen*
> *A gwledda i oesoedd diderfyn*
> *Ar gariad anhraethol yr Oen.'*

11 July 1918   Thursday

> *'A'r rhai sydd yn y cnawd, ni allant ryngu bodd Duw.'*
>
> *Rhuf. 8*

Teimlo dipyn yn wael, ac yn ddigon gwan.

Mae fy ngwres weithiau'n mynd i fyny ac yna'n dod i lawr, ac i fyny drachefn. Hwyrach y byddwn yn symud heddyw.

> 'Pob cur a dolur drwy'r daith a wellheir.
> Yn llaw'r Meddyg perffaith.
> Gwaed y Groes a gwyd y graith
> Na welir moni eilwaith.'
> *Ioan Madog*

12 July 1918 Friday

Mynd ar stretcher etto, ac ymadael a'r lle hwn oddeutu pedwar o'r gloch. Cyrhaedd y trên a rhoddwyd fi i orwedd gyda gwrthbennau drosof.

Treulio'r nos heno yn teithio, a rhywbryd yn ystod y nos bûm yn sâl ryfeddol, ac nid wyf yn cofio cael y fath wasgfa yn fy mywyd.

> 'Rwyf yn terfynu nghred
> nôl pwyso'r oll ynghyd,
> mai cyfnewidiol ydyw dyn
> Ond Duw sy'r Un o hyd.
> Ar Ei ffyddlondeb Ef
> Sy'n gymorth gref i'r gwan.
> Mi gredaf dôf mhen gronyn bach
> O'r tonnau'n iach i'r lan.'

13 July 1918 Saturday

Cyrhaedd Rouen a chael fy nghludo i'r No 11 Stationary Hosp. ac yno rwyf yn awr, yn teimlo lawer iawn gwell.

Mae heno'n nos Sadwrn onid yw? ac mae'r wythnos wedi bod yn fwy o freuddwyd nac o sylwedd.

Cysgu'n drwm y nos Sadwrn hon.

14 July 1918   Sunday

Y mae wedi bod yn Sul gwlybyrog. A diameu mai felly y bu yng Nghymru. Nid oes eisiau dweyd fod fy meddwl wedi rhedeg yn fynych tuag yno er pan gymerwyd fi yn sâl. Bu'r meddyg heibio bore heddyw a rhoddodd archwiliad llwyr iawn arnaf, gan gymryd nodiad o bobeth, yn cynnwys y pigiadau yn fy ochr wrth gymryd fy anadl.

Yr wyf yn teimlo yn well o lawer, yn anhraethol well nag oeddwn wythnos i heddyw, ar y gwres llethol hwnw.

Cododd cwestiwn yn fy meddwl y bore yma wrth ddarllen y XI Ben. o'r Rhuf. Yr oeddwn yn dilyn yr ymresymiad yn burion nes dod at ad32.

'Canys Duw a'u cauodd hwynt oll mewn anufudd-dod, fel y trugarhâi wrth bawb.'

Paham eu cau hwynt oll mewn anufudd-dod?

15 July 1918   Monday

'Canys caethion oeddym ni: ond ni adawodd ein Duw ni yn ein caethiwed.'

Ezra IX: 9

Darllenais Lyfr Ezra bore heddyw, a chefais fwynhad gwirioneddol wrth ei ddarllen.

Mae'r diwrnod wedi bod yn hynod o dawel a di-stŵr. Gwlaw trwm y bore a thrymder llethol y gwres y prydnawn.

Daeth Caplan Pabaidd i mewn gan ofyn oedd yma rai R.C's. Bu'n siarad ychydig eiriau dan ei lais â Gwyddel, mewn gwely ar fy nghyfer, yr unig un mae'n debyg o ddeiliaid y Pab.

16 July 1918   Tuesday

Y gwres yn para'n llethol. Mellt a tharanau.

17 July 1918 Wednesday

Dim neullduol. Yr wyf yn teimlo yn rhy llesg ac yn rhy wan i ysgrifennu dim heno. Bûm yn darllen am yr Arglwydd yn tori ei ffon.

Hyfrydwch a'i ffon. Rhwymau, sef Ei gyfamod â'i holl bobl.

18 July 1918 Thursday

Fe aeth dyn bach o'r gwely ar gornel chwith yma dros y culfor i Loegr heddyw. Fe ymadawodd oddi yma yn y bore bach. Awstraliad ydoedd, ac yr oedd dros haner cant oed.

'Canys Crist ni's boddhaodd ef ei hun; eithr, megis y mae yn ysgrifenedig, Gwaradwyddiadau y rhai a'th waradwyddent di, a syrthiasant arnaf fi.'

Rhuf. XV: 3

19 July 1918 Friday

'O! Fy Iesu 'Mhriod annwyl,
Cofia eiddil gwael di-lun,
Sydd yn gwyro bob munudyn,
Sydd yn blino arno'i hun;
Tro fy ngolwg at Dy haeddiant,
A'th drugaredd ryfedd rad;
Rho dangnefedd yn fy mynwes,
Rho faddeuant yn Dy waed.

'Anfon un pelydryn tirion
O Dy orsedd ddisglair fry,
Nes bo'r dydd yn siriol wenu
Ar ôl noswaith dywell, ddu;
A fy enaid yn cael myned
Fel aderyn bach o'r llawr,
Ar adenydd cariad cynnes
I Dy fynwes, Iesu Mawr.'

David Charles

O emyn gogoneddus!

Pwysaf finnau arno.

20 July 1918   Saturday

Nos Sadwrn – ac mae'r gwlaw yn disgyn yn drwm ar y to uwch fy mhen.

Teimlo'n rhy llesg i ddim byd; yn flinderog a hiraethus.

'Pwy yw hon sydd yn dyfod i fyny o'r anialwch ac yn pwyso ar ei hanwylyd?'

Caniad Solomon 8 Pen, 5Adn.

21 July 1918   Sunday

Sul tawel. Minnau ar wely gwyn mewn gwlad ddu.

Nid wyf wedi bod yn teimlo yn rhyw gampus iawn heddyw.

'Ac wele lef o'r nefoedd, yn dywedyd, Hwn yw fy annwyl Fab, yn yr hwn y'm boddlonwyd.'

Math. 3: 17

22 July 1918   Monday

Derbyn llyfr ac arian oddi cartref.

Codi am ddwy awr prydnawn heddyw, a gwisgo dillad gleision yr ysbyty.

Cefais dri llythyr arall heblaw un fy nhad.

'Oni wyddoch chwi mai teml Dduw ydych, a bod Ysbryd Duw yn trigo ynoch.'

I Corinthiaid 3: 16

Mi gaeaf fy nyddiadur am y dydd gan geisio cofio y dylwn fod yn gymeriad prydferth iawn. Yr wyf yn ceisio gweled fy hunan yn cerdded o gwmpas a rhywun yn dywedyd: 'Mae Ysbryd y Duw byw yn aros yn y dyn yna, ac yn symud gydag ef.'

23 July 1918   Tuesday

Neithiwr, daeth y meddyg o gwmpas yn annisgwyliadwy a marciodd amryw ohonom i symud drannoeth – sef heddyw.

Rhoddwyd fi ar stretcher bore heddw, ac o'r modur gerbyd i'r trên, ac ar ôl taith bell, yng ngolwg bryniau a llanerchi tebyg i ddyffrynnoedd Cymru, cyrhaeddasom Trouville – lle ar lan y môr, ac yno yr wyf yn awr yn y gwely.

Dyna hanes y daith o Rouen i'r lle hwn yn fyr.

Yn y flwyddyn 1913 bu fy nhad yn Rouen, a gofynodd i mi mewn llythyr os gwelais gofgolofn 'Joan of Arc', ond ni welais ef.

24 July 1918   Wednesday

Heno ysgrifennais lythyr at Dafydd Jervis.

'Dof mi ddof trwy'r anial garw,
Dof er gwaetha'r moroedd glas;
Dof trwy'r cenllysg a'r tymhestloedd
Sydd yn curo ar fy ngras;
*   Am mai cadarn*
Yw yr Hwn'r wyf yn ei gôl.'

A bydd yn hyfryd ond cael 'dod'.

Ac mi gredaf dof 'mhen gronyn bach.

O am aros yn Ei gôl, ac yn Ei gariad!

25 July 1918   Thursday

Codi prydnawn heddyw. Teimlo lawer iawn gwell, ac yn mwynhau yr ymborth, fy archwaeth yn dod yn ôl yn gyflym yn awelon y môr.

Cof gennyf fod yn myned i'r Pennant pan yn blentyn, 'i wynt y môr' ac mor rinweddol y dywedent fod hwnw i'm brawd, Hugh, a minnau!

Mae'n debyg mai Pennant, Llanegryn, Towyn yw'r cyfeiriad. Cartref ei gyfnither, Jennie. Gweler 23 Mawrth.

Y mae y gwely cyntaf ataf yn cael ei feddiannu gan Wyddel diwylliedig o'r enw O'Shea, ac yr wyf wedi cael un neu ddwy ymgom ddifyr iawn ag ef, ag y mae ei argyhoeddiadau yn gryfion, a'i deimladau yn uchel ar y cwestiwn Gwyddelig – a chware teg iddo, ag â Iwerddon.

26 July 1918   Friday

O'Shea yn ymadael prydnawn heddyw.

> 'Nid ymaflodd ynoch demtasiwn, ond un dynol: eithr ffyddlon yw Duw, yr hwn ni âd eich temtio uwchlaw yr hyn a alloch; eithr a wna ynghyd â'r temtasiwn ddihangfa hefyd, fel y galloch ei ddwyn.'
>
> I Cor. X: 13.

Nid yw prin yn werth gwneyd nodiad o'r llyfr a ddarllenais – nofel yn delio â chyfrwysdra arbennig meddyg yn dod o hyd i ddrwgweithredwyr.

Heblaw'r *Daily Mail* dyddiol, swniog a di-synnwyr, ac annynol, yr wyf wedi darllen rhyw gip ar wahanol bethau sydd yn yr ystafell – ond sydd o ddim gwerth neillduol. Darllenais hefyd lyfr bychan gan Dr J. D. Jones Bournemouth ar *The Great Hereafter* – ond braidd yn siomedig oeddwn ynddo.

27 July 1918   Saturday

> 'Pechadur wyf, f'Arglwydd a'i gŵyr,
>   Pechadur a ganwyd yn rhad:
> Pechadur a gliriwyd yn llwyr
>   Yn rhyfedd trwy rinwedd y gwaed;
> Pechadur a orfu fynd trwy
>   Ystormydd o ddyfroedd a thân;
> Pechadur na orffwys byth mwy
>   Nes dringo i'r nefoedd yn lân.'

Bûm allan heddyw mor bell â'r Y.M.C.A. (yr hwn sydd yn agos, ac ynghanol y No. 74 General Hospital). Gwn oddi wrth yr awelon iachus fod y môr yn agos, ac mae'r ysbyty hon ar fryn sydd yn derbyn y gwynt sydd yn adfywio ac yn cryfhau, ond nis gwn yn iawn ym mha gyfeiriad y mae'r môr, ac nid wyf wedi ei weled o gwbl – ond wrth gwrs nid wyf wedi cael cyfle i weld fawr o ddim o'm cwmpas etto, dim ond rhyw gip ar wlad goediog brydferth – nid annhebyg i Gymru.

28 July 1918 Sunday

'Eithr pan ddelo yr hyn sydd berffaith, yna yr hyn sydd o ran a ddilëir.'

I Cor. 13: 10

Bore heddyw bûm mewn cyfarfod Ymneillduol yn y Y.M.C.A. a chafwyd pregeth ardderchog oddi ar 1 Ioan (Epistol) 2 Ben.15–17 adn.

Heno hefyd fe bregethodd yr un Caplan oddi ar Numeri 10 – 29.31ad.

Fe apeliodd y pregethwr yn effeithiol am i ni droi ar du yr Arglwydd, ac ymuno â'i bobl, er ein daioni ein hunain. Ac os na ddylem er ein daioni ein hunain, dylem er mwyn Teyrnas nefoedd a'n cyd-ddynion. Dinistr pechod ar y ddynoliaeth yn fawr adfydus, a'n rhwymedigaeth ni yw dod at achubiaeth ein cyd-ddynion, a dyrchafu cyfiawnder ar y ddaear. Fod enaid a'r tân hwn yn llosgi ynddo, yn methu gorphwys nes mynd allan i gynnig ei wasanaeth dros y Deyrnas.

29 July 1918 Monday

'Cadw fi fel cannwyll llygad: cudd fi dan gysgod dy adenydd.'

Ps. 27: 8

Diwrnod hyfryd odiaeth. Yr wyf finnau yn cryfhau yn awelon y môr.

Yr wyf ar haner ddarllen *Rob Roy* ac yn edmygu yr Awdur.

Mae gryn lawer o garcharorion y Rhyfel yn gweithio yn y cyffiniau yma.

Made a remittance of £5 out of my credit to my brother, Hugh Tudor, who will send me the money as required.

30 July 1918   Tuesday

'Betwixt the saddle and the ground was mercy sought and mercy found.'

Katherine Tynan

Today I went to the Hospital Dining Hall for my meals, and found a load of humanity waiting outside the doors for admittance.

I finished *Rob Roy* after much enjoyment.

'Farewell to the land where the clouds love to rest,
Like the shroud of the dead, on the mountain's cold breast;
To the cataract's roar where the eagles reply,
And the lake her lone bosom expands to the sky.'

'I cannot tell – such is the waywardness of the human heart -
whether this intelligence gave me joy or sorrow'

Sir Walter Scott in Rob Roy

31 July 1918   Wednesday

'Na thwyller chwi: y mae ymddiddanion drwg yn llygru moesau da.'

I Cor. XV: 33

The Suicide's Argument
'Ere the birth of my life, if I wished or no
No Question was asked of me – it could not be so
If the life was the question, a thing sent to try,
'And to live on be Yes?' 'What can no be? To die.

Nature's Answer
Is't returned as 'twas sent? Is't no worse for the wear
Think first what you Are! Call to mind what you were!
I gave you innocence, I gave you hope,
Gave health and genius, and an ample scope;
Return you me guilt, lethargy, despair?
Make out the Invert 'my', inspect, compare.
Then die – if die you dare.'

Coleridge

1 August 1918   Thursday

'Eithr ni a gawsom yn ein hunan farn angau, fel na byddai i ni ymddiried ynom ein hunan, ond yn Nuw, yr hwn sydd yn cyfodi'r meirw.'

II Cor. 1: 9

Yr wyf wedi bod yn darllen *Vanity Fair* ac y mae yn bur ddyddorol.

Derbyniais lythyr oddi cartref heddyw.

2 August 1918   Friday

Mae yna ddyddiau pan nad oes gennyf ddim i'w ddweyd, hyd yn oed wrth fy hen ffrind, fy nyddiadur.

Mor ddigynhysgaeth ydym wedi'r cwbl!

Mor fuan y'n dihysbyddir!

Nid wyf yn hoffi sgriwio pethau i mewn i dy ddalennau – os na fyddant yn dod yn naturiol fel gwlith gyda'r gwyll, gwell bod yn dawel.

Treuliais ddiwrnod gwag a digon dibwrpas.

Mae y Fyddin Ffrengig a'r Fyddin Americanaidd yn parhau i ennill tir yn raddol.

3 August 1918   Saturday

Diwrnod gwlawog.

Tra'n cerdded wrthyf f'hun neithiwr fin nos tu allan i'r
ysbyty deuthum ar draws dyn arall oedd yn cerdded o gwmpas
fel minnau. Soniodd ar unwaith am brydferthwch yr olygfa
ac fod y cwbl mewn undeb â'n Creawdwr, ac atebais innau i
mi feddwl am Lot yn dewis dyffryn yr Iorddonen pan welais
y dyffryn sydd yn ymestyn o'n blaen. Yn fuan, daeth y brawd
at faterion dyfnach a phwysicach a gofynnodd i mi os oeddwn
yn adnabod yr Iesu. Atebais ef fy mod ond fod genyf fy ofnau
a'm amheuon, yr hyn barodd iddo ddywedyd llawer, ac
nid anghofiaf ei agwedd ddifrif, a'r llawenydd a deimlai ym
mhresenoldeb ei Arglwydd.

4 August 1918   Sunday

*'Tra na byddom yn edrych ar y pethau a welir, ond ar y pethau ni
welir; canys y pethau a welir sydd dros amser, ond y pethau ni
welir sydd dragwyddol.'*

II Cor. 4: 18

Bore heddyw cawsom bregeth gan Weinidog Ysgotaidd ar
'Yr Ail Filldir'. A heno gan y Caplan Ymneillduol ar y geiriau,
'Y gwyliedydd, Beth am y nos?'.

Wel beth amdani, mewn difrif? Fe ddaw diwedd ar y Rhyfel
rywbryd yn ddiau.

Fe fydd y Rhyfel yng nghalon pechadur yn mynd ymlaen
pan fydd cleddyfau'r cenhedloedd wedi sychu.

5 August   Monday

*'Megis wedi ein tristau, ond yn wastad yn llawen; megis yn
dlodion, ond yn cyfoethogi llawer; megis heb ddim genym, ond
etto yn meddiannu pob peth.'*

II Cor. 6: 10

Y tywydd yn wlyb.

Newyddion ardderchog o'r maes.
Yr Ellmyn yn cilio.

*'Ah! Vanitas Vanitatum! Which of us is happy in this world?
Which of us has his desire? Or, having it, is satisfied? – Come
children, let us shut up the box and the puppets, for our play is
played out.'*

Vanity Fair, *p. 565*

6 August   Tuesday

*'Am hynny gan fod gennym yr addewidion hyn, anwylyd,
ymlawenhawn oddi wrth bob halogrwydd cnawd ac ysbryd, gan
berffeithio sancteiddrwydd yn ofn Duw.'*

II Cor. 7: 1

Pethau'n mynd yn dawel yn No. 74 General.

*'Which I wonder brother reader is the better lot, to die prosperous
and famous, or poor and disappointed? To have, and to be forced
to yield, or to sink out of life, having played and lost the game?
That must be a strange feeling, when a day of our life comes and
we say, 'to-morrow, success or failure won't matter much; and the
sun will rise, and all the myriads of mankind go to their work, or
their pleasure as usual, but I shall be out of the turmoil.'*

Vanity Fair *by Thackeray, p. 495*

7 August   Wednesday

*'Love bade me welcome, yet my soul drew back.
Guilty of dust and sin,
But quick-eyed Love, observing me grow slack
From my first entrance in
Drew nearer to me, sweetly questioning
If I lack'd anything.'*

George Herbert

'Rest is the mind at Leisure from itself.'

Prof. Drummond

Today I took over the work of orderly in Ward K1.

8 August Thursday

'A hyn yr wyf yn ei ddywedyd, yr hwn sydd yn hau yn brin, a fêd hefyd yn brin; ar hwn sydd yn hau yn helaeth, a fêd hefyd yn helaeth.'

II Cor. 9: 6

'He that will not work according to his faculty, let him perish according to his necessity; there is no law juster than that.'

Thos Carlyle in his essay on 'Chartism' (1839)

A remarkable speech by Mr Lloyd George in today's paper.

9 August Friday

Mr Lloyd George said in the House of Commons on Wednesday that the Navy has destroyed 150 submarines, more than half in the course of last year.

The British Empire has raised 8,500,000 men, mostly vounteers; 6,250,000 in Britain alone, 1,000,000 in Dominions and 1,250,000 in India.

As soon as the Unity of command was established the Allied fortunes were restored. U.S. Army would steadily grow until almost as strong as the German Army.

Referring to the German offensive in March, he said: 'At first, the German Army achieved considerable success. Those who knew most were most anxious. The losses, especially in the number of prisoners were considerable. Had they not been made up, a second German blow might well have overwhelmed the British Army. The deficiency was made up. Within a month's time, 355,000 men were thrown across the Channel, every gun and machine-gun was more than replaced, and in six weeks' time the Germans saw that the British Army could not be overwhelmed.'

10 August Saturday

Yesterday's news from the front was exceptionally good. The British Army has advanced on a front of 20 Kilometres, and on one point made an advance of seven miles. They have captured over 100 guns and about 7000 prisoners.

The news is still good, even still better. The Franco-British Armies under Sir Douglas Haig have advanced twelve miles, taken Montdidier and captured 24,000 prisoners and nearly four hundred guns in this Amiens victory alone.

'Gan yr Iddewon bumwaith y derbyniais ddeugain gwialennod ond un. Tair gwaith y'm curwyd â gwiail; unwaith y'm llabyddiwyd; teirgwaith y torrodd llong arnaf; noswaith a diwrnod y bûm yn y dyfnfor.'

II Cor. 11: 24–25

11 August Sunday

Y bore a heno bûm yn y gwasanaeth yn y Y.M.C.A. Testun y bore oedd 'Bod yn farw i bechod, eithr yn fyw i Grist.' A thestun heno oedd Ioan 11–28. A phrif bwynt y bregeth fod Duw ddim yn arbed ei bobl rhag siomedigaethau a phrofedigaethau bywyd, ond ei fod yn rhoi nerth iddynt ymgynnal danynt.

Wel f'enaid, beth yw dy ragolygon a dy brofiad heno tybed? Sut mae pethau yn mynd? Neu a ydynt yn mynd o gwbl. Oes yna ryw arwydd o'r fuddugoliaeth fawr ar hunan a phechod a balchder ysbryd yn dod i'r golwg yn rhywle?

Pe cymerai Duw Ei Ysbryd oddiwrthyt a wyt ti yn credu y medret gadw'r ffydd, a glynu wrth y Gwaredwr?

12 August   Monday

'Gosod Arglwydd ofn arnynt: fel y gwybyddo'r cenhedloedd mai dynion ydynt.'

Ps.9: 20

Chwech o ddynion newyddion yn dod i mewn heddyw. Y <u>Ward</u> hon (K 1) yn llawn heno, chwech ar hugain o gleifion.

13 August   Tuesday

'It is not what a man outwardly has or wants that constitutes the happiness or misery of him ... It is the feeling of <u>injustice</u> that is unsupportable to all men ...What is injustice? Another name for <u>dis</u>order, for unveracity, unreality.'

Thos Carlyle

14 August 1918   Wednesday

The shadows of evening have fallen once more, and with them the hope of another morn, and another day, rich with unbounded possibilities. Now, however, they are falling on a day ending in many failures, and a fatal emptiness.

We enter into many interesting arguments on all kinds of interesting subjects in this corner K 1 Ward: but for all our discussions and for all our enthusiasm we do not seem to be able to change the course of European history. No more than a thousand knats humming together in the twilight, and thereafter disappearing into eternal oblivion.

15 August   Thursday

The war has again become normal and uneventful.

The last great battle has been a huge victory for the Allies.

Comm Officer's inspection day.

'*A ydych chwi mor ynfyd? gwedi i chwi ddechreu yn yr Ysbryd, a berffeithir chwi yr awr hon yn y cnawd?*'

Gal. III: 3

16 August Friday

'*A minnau, frodyr, megis yr oedd Isaac ydym blant yr addewid.*'

Gal. 4: 28

The French Revolution
'*It appears to be, if not stated in words, yet tacitly felt and understood everywhere, that the event of of these modern ages is the French Revolution.*

'*Perhaps the strangest looking partial-doctrine we have noticed is this: that the French Revolution was at bottom an attempt to realise Christianity, and fairly put it in action in our world.*'

Thus wrote Thos Carlyle in the year 1837

17 August Saturday

Neithiwr, cefais brofiad go ddieithr pan yn mynd yn ôl tua'r Ward, ar ôl bod allan am dro yn ceisio cymundeb â Duw; a dyna beth ddaeth i'm meddwl: sef na wnawn byth geisio byw yn y byd, oni bai fod Iesu Grist wedi Ei orchfygu, unwaith ac am byth.

Oni bai am hynny ni fuaswn byth yn treio byw ynddo.

Lord Northcliffe in a speech estimated Britain's losses in killed alone, up to the present to be 900,000.

18 August Sunday

Bore Sabath. R'wyf finnau yn awr yn cychwyn i'r gwasanaeth boreuol yn y Y.M.C.A. Hwyrach bydd rhagor i'w ddwedyd heno.

Pregethwyd y bore gan yr un Caplan ag arfer, ac heno gan un newydd, sef Mr Spencer. Ei destun oedd Deut. 33–27 sef Duw yn Noddfa. Fe enwodd ddau noddfa arall sef, Noddfa Cartref duwiol, a Noddfa Cariad Dynol, ond dywedodd fod adeg yn dod ar bawb pan fydd y rhain yn annigonol.

Mai Cariad Duw yw unig orffwystra i'r galon. Mai Cariad Duw yw'r unig ymguddfa i'r galon. Dywedodd bod y trenches yn dda, ond mai Duw yw unig Noddfa Enaid.

19 August   Monday

'Fel y cyfyd eryr ei nyth, y castella dros ei gywion, y lleda ei esgyll, y cymer hwynt, ac a'u dwg ar ei adenydd.'

Deut. 32: 11

Tri newyddion yn dod i mewn etto heno. Un yn wael iawn. Llythyr difyr oddicartref.

Y Prydeinwyr yn para i ennill.

20 August   Tuesday

Hwyrddydd Haf.

Cefais ddau rifyn o'r *Cymro* heddyw, un o ba rai a gynhwysai erthygl gan Parch. D. Tecwyn Evans ar Eisteddfod Genedlaethol Castellnedd, Awst 5–9. Un o bethau goreu'r Eisteddfod oedd araeth Syr Owen M. Edwards. Traddodwyd dwy araeth Gymraeg o'r gadair, a'r gweddill yn Saesneg, ac yr oedd un o'r areithiau Cymraeg yn fwy o werth na' rhai Saesneg i gyd gyda'u gilydd. Y pethau salaf oedd yr areithiau Saesneg.

Enillwyd yr ail wobr i Gorau Meibion gan gôr Y Welsh Guards.

21 August   Wednesday

Pedwar cant yn cael eu 'marcio allan' heddyw o'r Ysbyty hon.

22 August   Thursday

Thus wrote Thos. Carlyle in an Essay on Sir Walter Scott – referring to Napoleon:

*'A great man is ever, as the Transcendentalists speak, possessed
with an <u>idea</u>. Napoleon himself, not the superfinest of great
men, and ballasted sufficiently with prudences and egoism,
had nevertheless, as is clear enough, an idea to start with:
the idea that Democracy was the Cause of man, the right and
infinite Cause. Accordingly he made himself the armed soldier of
Democracy; and did vindicate it in a rather great manner.'*

*'Unhappily it was in the military province only that Napoleon
could realise this idea of his, being forced to fight for himself the
while ... his head by much victory grew light.'*

23 August   Friday

*'Eithr popeth, wedi'r argyhoedder, a eglurir gan y goleuni: canys
beth bynnag sydd yn egluro, goleuni yw.'*

Ephesiaid 5: 13

Mae wedi bod yn arferiad gennyf ers llawer o amser bellach,
i ddarllen pennod o Lyfr Duw cyn darllen o lyfrau dynion.
Yr hamdden <u>cyntaf</u> wyf yn ei gael yr wyf yn ei ddefnyddio i
ddarllen cyfran o'r Ysgrythur. Weithiau pan yn y 'line' bydd
diwrnod yn mynd heibio heb hamdden o gwbwl, ac yn fynych
mae yn digwydd nad yw yr hamdden ddim yn dod tan yr hwyr,
ond pryd bynag y daw, y Beibl sydd yn ei gael gyntaf, yna yr
wyf yn rhydd neu yn barod i ddarllen pethau eraill os bydd
rhywbeth gwerth ei ddarllen o fewn cyrhaedd.

24 August   Saturday

The Lena Ashwell Concert Party held a splendid Concert this
afternoon in the Dining Hall.

Having read Carlyle's Essay on Sir W. Scott I think it fitting
to make 3 quotations:

*'His life was wordly; his ambitions were wordly. There is nothing
spiritual in him, all is economical, material, of the earth earthy.'*

Carlyle on Scott

*'As the Arabs say, there is a Black speck were it no bigger than
a bean's eye, in every soul; which once set it a-working, will
overcloud the whole man into darkness and quasi-madness and
hurry him balefully into Night.'*

Carlyle

*'For myself, I scarce know how I feel: sometimes as firm as the
Bass Rock, sometimes as weak as the water that breaks on it.'*

Sir Walter Scott. From his diary on the death of his wife.

25 August 1918   Sunday

Bore heddyw aeth bachgen o'r enw Kirby a minnau i'r
gwasanaeth Ymneillduol yn y Y.M.C.A. ond ni fu yno gyfarfod,
am na ddaeth yno bregethwr. Yr oedd yno glerigwr, sef y
gofalwr y Y.M. yn bresennol ond ni chynhaliodd y cyfarfod am
nad oedd neb wedi gofyn iddo.

O Esgus diffrwyth.

Heno yr oedd yno bregethwr, ond ni chefais i ond rhan o'r
moddion. Y testun oedd 'Cydweithwyr Duw ydym ni':

'Convoy' yn dod i fewn heno.

*'Mae rhu y tragwyddol
Yn crwydro pob glan,
Mae'r cêl ym mhob gwrthrych
A'r cudd ym mhob man.'*

Nantlais

26 August   Monday

*'I should tell the people that the great use of the Church is to help
men to do without it.'*

Prof. Drummond in The City Without a Church

The men of the day are: Marshall Foch; Field Marshall Sir
Douglas Haig; Mr Lloyd George; General Mangin; Dr Solf.
(German Colonial Sec); Marshall Ludendorff.

The above names have been occupying principal prominence in the world's eye for the last few weeks.

War news today distinctly good.

27 August Tuesday

Pethau'n mynd yn bur hwylus yn y sefydliad yma.

Heno cafwyd gryn lawer o hwyl trwy roddi esgyll a halen a gwahanol bethau mewn rhai o'r gwelyau.

Cefais innau y pleser o wneud fy ngwely i fyny fwy nag unwaith.

Derbyn llythyr oddicartref ym mha un y dywedid eu bod yn brysur iawn efo'r ŷd, ac fod ganddynt garcharor Ellmynig yn gweithio yno.

Derbyn llythyr o'r Pennant hefyd.

28 August Wednesday

'Llawenhewch yn yr Arglwydd yn wastadol; a thrachefn meddaf, Llawenhewch.'

Phil. 4: 4adn.

'"Raise my faint head my squires" he said,
"And let the casement be displayed,
That I may see once more
The splendour of the setting sun
Gleam on thy mirrored wave, Garonne.
And Blaye's empurpled shore"'

Sir Walter Scott

29 August Thursday

Arddel a pharchu y Ffydd ddiffuant
Byth yw eu gwiwdeb; a'u Hiaith a gadwant;

A thân aflwydd, neu lwyddiant – byd oriog;
Ai gynnwrf halog – Eu her a folant.'

Dyfyniad o awdl fuddugol yr Eist. Gen. eleni.

Bardd y Gadair oedd y Parch. J. T. Job.

30 August   Friday

Aros yn y gwely heddyw, a theimlo yn sâl neillduol.

Cur yn fy mhen, a phwysau anferth ar fy mrest.

Neithiwr bûm yn 'taflu i fyny' ac ar draed.

31 August   Saturday

'Oblegid ynddo ef y mae holl gyflawnder y Duwdod yn preswylio
yn gorphorol.'

Col. 2: 9

'Gwir eglurhad parhad y rhyfel ydyw fod y galluoedd yn amharod
i roddi heibio eu hymddiried mewn nerth milwrol.
'Yr hyn sydd yn angenrheidiol yw i Gymru gredu yn ei chredo,
a gweithredu arni ... yr anghall ac nid y call a ymddiried mewn
gallu milwrol.'

O araith Mr E. T. John A.S. ar 'Neges Cymru'

1 September 1918   Sunday

Mynd i'r Cyfarfod Ymneillduol yn y Y.M.C.A. bore a hwyr. Y
Parch. Spence yn pregethu.

Y bore ar y Fendith Apostolaidd, ac heno ar y Cwmwl a'r
Bara a'r goleu yn y Cwmwl yn Llyfr Job.

Gwelais y môr prydnawn heddyw am y tro cyntaf er pan
wyf yma. Ei weled o bell yn unig a gaffwn, a dim ond cornel o
hono gyda hyny, ond yr oedd yn dda gennyf ei weled , am ei fod
ef yn golchi traethau fy annwyl wlad fy hunan.

Cafodd amryw fynd oddi yma prydnawn heddyw dros y lli
i'r Deyrnas Gyfunol.

2 September 1918   Monday

'It is that powerful attraction towards all that we conceive, or fear, or hope beyond ourselves, when we find within our own thoughts the chasms of an insufficient brain, and seek to awaken in all things that are, a community with what we experience within ourselves.'

Shelley in his Essay on <u>Love</u>

Mae'r frawddeg ar ddiwedd 2 September yn rhy aneglur i'w ddarllen.

3 September 1918   Tuesday

Chwech wythnos i heddyw'r prydnawn y derbyniwyd fi i wely 15. Ward 1. Block K. 74 Gen. Hospital, Trouville, ac ar ben y chwech wythnos marciwyd fi i fyn'd allan.

Nid oes gennyf ddim i wrwgnach o'i blegid. Yr wyf wedi cael tymor hapus yn y lle hwn.

4 September 1918   Wednesday

Gwisgo khaki unwaith etto, ac nid dymunol y teimlad ein bod yn ôl etto yn filwyr.

Ar ôl tê heddyw cychwyn i'r 13 Con. Depot a chyrhaedd yno ymhen rhyw hanner awr. Y mae yn wersyll anferth, a thyrfaoedd o filwyr ynddo. Mae ynddo amryw fannau o leoedd difyrrwch ac adloniant: 'Wesleyan Inst.' 'Scottish Ch. Hut' 'Christian Soldier's Hut' 'Salvation Army Hut' Y.M.C.A. ac ereill. Bûm yn y 'Wes. Ins.' heno, ac yr oedd yno wasanaeth crefyddol da iawn. Deuthum yn ôl i'r Caban ac nid heb deimlo yn chwith ar ôl y cynfasau gwynion, a'r gwrthbannau glân, y rhoddais fy hun i orwedd ar lawr, heno.

5 September 1918   Thursday

Cysgais yn drwm neithiwr, a deffroais yn iach y bore yma. Bore hyfryd neillduol; yr hen flwyddyn yn mynd ar ei waered yn araf, ac yn esmwyth ryfeddol, ac yn gwasgar bendithion fyrdd ar ei llwybr. Yr awel yn dyner, hafaidd. Yr awyrgylch yn perarogli, a'r ddaear o gwmpas yn cynal mwy na llond ei breichiau o ffrwyth a thyfiant. Nis gallaf weled dim mynyddoedd – dim hyd yn oed bryniau i '<u>floeddio canu</u>', ond tebygaf weled 'holl goed y maes yn curo eu dwylaw'.

6 September 1918   Friday

Gorymdeithio tua'r traeth bore heddyw drwy wres go fawr.

> 'A gwir Dduw y tangnefedd a'ch sancteiddio yn gwbl oll: a chadwer eich hysbryd oll, a'ch enaid, a'ch corph, yn ddiargyhoedd yn nyfodiad Ein Harglwydd Iesu Grist.'
>
> I Thes. 5: 23

> 'Goodness of heart and clearness of mind are not made in universities, nor in palaces, nor in slums. The real wealth of a nation lies in the virtue and sanity of the masses of its average men and women.'
>
> Robert Blatchford

> 'Then, pilgrim, turn; thy cares forego:
> All earth born cares are wrong:
> Man wants but little here below,
> Nor wants that little long.'
>
> Oliver Goldsmith

> 'And this is right; for that single effort by which we stop short in the downhill path to perdition is itself a greater exertion of virtue than a hundred acts of justice.'
>
> Goldsmith

Gorphen *Vicar of Wakefield* a dechrau *David Copperfield*.

7 September 1918   Saturday

O! Hyfryd ddydd. Yr awyr yn llawn o faeth, ac yr wyf fel yn teimlo fod pob anadliad yn llenwi fy ysgyfaint â'r fath natur o awyr bur, ag yw hufen i'r cylla; bron iawn nad allai dyn fyw ar yr awyr yn unig.

Y mae wedi bod yn gwlawio tipyn ar hyd y dydd – ambell gawod o wlaw taranau. Heno ar ôl tê deuthum allan ar 'pass' ac ar hyn o bryd yr wyf yn eistedd yn un o orphwysleoedd Byddin yr Iachawdwriaeth, ac wedi bod yn ymborthi yma. Bûm yn cerdded y traeth, ac yn edrych ar yr haul yn gwasgar ei lewyrch dros wyneb y lli tra'n machlud rhyngof a Chymru. Bûm yn edrych hefyd ar y bae oddiyma i Havre, ac ar y fan yr hwyliodd William o Normandi ohono i fynd drosodd i Loegr, pryd y gorchfygodd efe Harold ym mrwydr Hastings, oblegid pa fuddugoliaeth yr enillodd yr enw William y Gorchfygwr. Mi glywais hefyd am Iesu yn Ynys Patmos yn dywedyd, 'A'r môr nid oedd mwyach'.

8 September 1918   Sunday

This morning I attended the parade Service in the Wesleyan Institute, where Rev. Mr Spence preached, and after which there was Holy Communion.

A boy named Roberts was waiting for me when I went out, and he took me to the Salvation Army hut, where there was a number of people worshipping.

I am at present sitting in the Wesleyan Institute, and intend staying here for the evening meeting.

'The Church is not spiritualized enough yet to entertain the world.'

'God's love for poor sinners is very wonderful, but God's patience with ill-natured saints is a deeper mystery.'

Professor Drummond

9 September 1918   Monday

This morning we marched down to the beach as usual – some thousands of us – and there did physical training in the form of sports. This exercise was concluded by forming an immense circle – in the Centre of which was the band, also as spectators, His Majesty's Ambassador to France, (Lord Derby), a British General and other officers and ladies. We jumped and danced and sang to the accompaniment of the band, but honestly I could but feel that we were somehow or other being made fools of and felt with remorse how insignificant and servile we must have appeared to such 'great' people, of such 'great' parts and pretensions as our audience were. Blessed as I hope I am, with a personality, I am not astonished at myself feeling at heart quite sick with such tomfoolery.

In the afternoon I attended a French class conducted by Private Eaden, have been also reading *David Copperfield* and on the whole been desperately busy all day.

10 September 1918   Tuesday

'Ond bob diofryd-beth a ddiofrydo un i'r Arglwydd, o'r hyn oll a fyddo eiddo ef, o ddyn neu o anifail, neu o faes ei etifeddiaeth, ni werthir, ac ni ryddheir: pob diofryd-beth sydd sancteiddolaf i'r Arglwydd.'

Lefiticus 27: 28

'Dydy rhywbeth sydd wedi'i gadw o'r neilltu i'r Arglwydd (yn berson dynol, yn anifail neu'n ddarn o dir y teulu) ddim i gael ei werthu na'i brynu'n ôl. Mae popeth sydd wedi'i gadw o'r neilltu iddo yn gysegredig. Mae'n perthyn i'r Arglwydd.' Lefiticus 27–28 beibl.net

'For with all their limitations, the Puritans had grasped in quite unique measure the fundamental principle of true living – the sense of sin which comes of a deeper sense of God, and the secret of beauty which is a passion for holiness.'

The Christian, *August 22nd 1918*

'At the International Christian Conference held at Oxford recently where persons were present from Holland, America, Sweden & Serbia; the Dean of St Paul's felt that, while there was much

to repent of before the War, there was little if anything to be confessed since the War.'

The Christian, August 22nd 1918

11 September 1918 Wednesday

This evening I paid a visit to No. 74 Genl. Hospital. I could but feel that there was a gloominess resting over the place tonight.

A large convoy left this afternoon for Blighty, and six from my old ward K 1 had gone; including MacAvoy, (a genial Jock) and Cooke.

'One ship drives East, and the other drives West,
With the self-same wind that blows,
'Tis the set of the sails and not the gales
Which tell us the way to go.

'Like the winds of the sea are the ways of fate,
As we voyage along through life,
'Tis the set of the soul that decides the goal,
And not the calm or the strife.'

Ella Wheeler Wilcox

'The man who is perfectly content with the world,
is perfectly useless to the world.'

Mazzine

12 September 1918 Thursday

Ers pan wyf yn y gwersyll hwn yr wyf wedi bod mewn dosbarth Ffrangeg rai gweithiau yn y prydnawniau – a bûm heddyw.

Es i'r Ysbyty wedyn heno, a deuthum yn ôl i'r gwersyll erbyn oddeutu 8 o'r gloch, ac i adeilad y 'Soldiers Christian Association' ac yno mewn ystafell neillduol yr oedd math o Seiat yn cael ei chynal, ac yr wyf yn ystyried mai heno y cefais yr anrhydedd uchaf yn fy mywyd, drwy ysgwyd llaw ag un o genedl Simon o Gyrene – sef negro du, a rhoddi fy llyfr hymnau i fyny iddo, gan mai efe oedd yn casglu y llyfrau ar ôl y cyfarfod. Dywedodd un o'r cyfeillion wrthyf ar ôl y cyfarfod iddo ef (sef y negro) roddi tystiolaeth fendigedig i'r Iachawdwriaeth fawr, y noson o'r blaen ar goedd oddi ar y llwyfan i lond adeilad o filwyr Prydeinig. Yr oedd yno negro arall hefyd yn y Seiat.

'Fe gaiff Iesu fyrdd o ddeiliaid o bob cenedl is y nef.'

13 September 1918   Friday
Bûm am dro efo Kirby yn Trouville, buom yn y 'Salvation Army' Rest yn Trouville.

'Hudol agor dy lygaid
Glowaf fel y gwelwyf fis
I oludoedd cel waelodion
Glân a dwfn dy galon di.'

T. Gwynn Jones

14 September 1918   Saturday
This evening I attended an 'At Home' at the Y.M.C.A.where a paper was read among other things on the 'Joy of Living' by Private Nibb after which we had discussions on same. The night will perhaps be made temporarily memorable by the part I very unsuccessfully took in the meeting. The Chairman or Leader asked if we had any remarks to make on the conduct etc of the hut, or any suggestions with regard to same, or questions to ask. Whereupon I accepted his invitation and mentioned that the only practical Christian work done there was the holding of 'family prayers' for five minutes every evening in a small room called the Chapel within the Building, and asked if anything was ever being done for the masses of men who were passing to and fro from the 'big room'. The answer was an explanation on the working of the hut, and was in my opinion no more, and no less.

15 September 1918   Sunday

Sabath dymunol dros ben.

This afternoon there was a Sports held in this Camp, for the amusement chiefly I should think of some French ladies and gentlemen from Trouville.

I sat reading on the verandah of the Wesleyan Soldiers Institute overlooking the field. And was not very surprised to see the Leader of the Y.M.C.A. with two lady workers among the spectators on the Sports field, thereby giving their support and encouragement to the breaking of the Lord's Holy Day. But I was not surprised taking into account what remarks that gentleman had passed the night before re. 'pushing religion down men's throats etc.'

16 September 1918   Monday

This morning we marched down to the beach in 'Evacuation order' to be photographed for a Cinema Show.

From Dickens' Martha on the Thames:

'But she still repeated the same words, continually exclaiming,
"Oh the river", over and over again.
"I know it's like me", she exclaimed.'
"I know that I belong to it, I know it's the natural company
of such as I am! It comes from country places, where there was
once no harm in it – and it creeps through the dismal streets,
defiled and miserable – and it goes away, like my life, to a great
sea, that is always troubled and I feel that I must go with it!"'

David Copperfield, *page 413*

Mae'r dyfyniad yn perthyn i olygfa am Martha ar afon Tafwys o *David Copperfield*. Mae Charles Dickens, yn y stori, yn parhau fel hyn: 'I have never known what despair was, except in the tone of those words.'

Kirby and myself paid a farewell visit to No. 74 Genl. Hospital.

17 September 1918   Tuesday

'Byrr yw ein dyddiau, fel barrug y ciliant rhag heulwen bore,
Mil o flynyddoedd fel undydd sydd yn ei hanes Ef;
Diau, pe gwelwn y diwedd, dychryn y dechrau a giliai
Dafn, er dyfned ei ofnau, yw dyn yn ei funud awr.
Gwelais y byd a'i gywilydd, gwelais y goleu tragywydd,
Hir y chwiliais oferedd y gân, cyn gweled y gwir.'

T. Gwynn Jones yn ei gân i Fadog ap Owen Gwynedd

Mae'n debyg mai heddyw yw diwrnod olaf yn y gwersyll hwn (No.13)

18 September 1918   Wednesday

Croesi cainc o fôr heddyw. Cychwyn yn y bore o Trouville a chyrhaedd Havre oddeutu canol dydd.

Yr wyf ar hyn o bryd yn eistedd yn un o 'orffwysfaoedd' Byddin yr Iachawdwriaeth, ac yn bwriadu bod yn bresennol mewn cyfarfod o'r Gymdeithas Lenyddol Gymraeg heno.

'Canys Demas a'm gadawodd, gan garu y byd presennol, ac a aeth ymaith i Thesalonica.'

Tim. 4: 10

Nid Cyfarfod Lenyddol a gynhaliwyd heno, eithr Cyfarfod Gweddi, ym mha un y cymerwyd rhan gan bump ohonom – a chafwyd enneiniad ac arddeliad amlwg arno.

19 September 1918   Thursday

Cael dryll ac arfogaeth bore heddyw yn barod am ymladd etto. Popeth yn debyg iawn yr un fath yn y Base yma ag ydoedd yn Chwefrol.

Mae erchyllterau'r sefyllfa roedd S O Tudor eisoes wedi cael profiad ohonynt yn sicr o fod yn ei feddwl wrth wynebu gorfod mynd yn ôl unwaith yn rhagor.

'Can many people, without the experience, imagine the conditions that the troops endured. Mud, mud, mud comes as a sort of chant through every account of the war. Slimy, green, blue, brown and black mud, hiding sharp bits of tin, old bayonets, rifles, caps, clothes, dead men. Shell holes of varying sizes and mud at the bottom of them. Crumbling earth into which your feet sink, and it sticks to your boots. There is no grass. The whole thing is destruction – the earth is destroyed, pounded, smashed, blown up for miles, making a long belt of devastation where the armies met each other.' Dyddiadur C.H.D.W

Roedd angen i'r signalwyr lafurio drwy amgylchiadau tebyg er mwyn canfod lleoliad y gelyn, i ailosod amddiffynfeydd yn y weiren bigog ac atgyweirio llinellau cyfathrebu. Byddai hyn o dan berygl parhaus o saethu neu daflegrau y gelyn. Roedd y cyfathrebu rhwng y llinell flaen yn wynebu tir neb, y milwyr ategol a'r llinell wrth gefn yn aml gryn bellter y tu ôl i'w gilydd, yn eithriadol o anodd ac ar adegau bron yn amhosib. Roedd 'Details' y rhan amlaf nifer o filltiroedd ymhellach yn ôl. Nid yw dyddiadur SO Tudor yn cyfeirio lawer at y caledi hwn, mae'n debyg, oherwydd ei gasineb tuag at ryfel a militariaeth. Yr unig beth a gofnodir yw – 'mynd i'r line' neu 'gweithio heddyw'.

'Imagine the sentry in the trench. He has marched there, four or five miles or more, carrying his rifle, hundred and twenty rounds of ammunition, heavy pack, spade and bag of rations. It is cold and raining, but he is sweating under his load. The trench is perhaps six feet deep, and he cannot see over the top, but, as he tramps along it, he brushes the muddy sides with his sleeves. If there are no trench boards his feet sink over the tops of his boots in thick, glue like mud. His post is a step cut in the side of the trench, a step which allows seven or eight men to sit on it. He stands on the step, rifle in hand, bayonet fixed, his head over the top of the parapet, about eighteen inches above ground level. He stares into the night and each bump, each stake holding the barbed wire looks big and moves. His eyes are always playing tricks, he gets dazed so that he sees nothing at all. He hears the movements of rats, or birds or the wind. He gets cold and is relieved after one hour, and then sits cold and drowsy for two hours – or perhaps he has to work at digging or revetting. Bullets crack about his ears like whips. Sometimes the shells blow up the trench near him. During the day, of the six men in his post, only one is on duty by day and two at night. It rains all the time. His feet and clothes are wet, he is blue with cold. This goes on for two or four nights, and on the third or fifth, as the case may be, he is relieved by another unit, marches back to billets with his load, minus the rations, but plus a considerable weight of mud and water. He rests in a dilapidated barn, frequently with water on the mud floor, or else he rests in another trench with bits of tin as a roof, or even in a

hole dug in an open field. He is probably bombed or shelled during the nights and days that follow. Then it's back to the "Line" again, and the sequence is repeated over and over. He has only one suit of clothes and boots at a time.'
Dyddiadur C.H.D.W.

20 September 1918   Friday

'Dwêd i mi a wyt yn maddeu
Syrthio ganwaith i'r un bai,
Dwêd a ddeui byth i galon
Nas gall gynyg 'difarhau.'

Pe baem yn gwybod bod pechod yn niweidio cymaint arnom, ac yn ein colledu o gymaint, mi fuasai yn ofidus iawn gennym bechu o gwbl. Dyma'r gorchudd sydd dros ein llygaid a thros ein calon, sydd yn peri nad ydym yn gweld golygfeydd gogoneddus y greadigaeth newydd.

'O anghrediniaeth gaeth,
Ti roddaist imi glwy.'

Ni chlywn ni mo glychau aur y Ddinas Nefol yn tincian os bydd seindorf swniog y ddaear yma yn byddaru ein clustiau.

Cyfarfod Gweddi etto heno.

21 September 1918   Saturday

This afternoon a lecture was given by Mr G. H. Roberts the British Minister of Labour, on Resettlement after the War. He outlined the scheme which the Government is adopting with regard to demobilisation, and explained the principles of settling the men back in the industrial world. The chief points of his address were:

1) That employers have shown, and are expected to show great willingness to reinstate the fighting men, as far as possible in their original occupations.

2) That the Ministry of Labour has instituted Local Advisory Committees throughout the Country, which work in conjunction with the Labour Exchanges and will be able to report to the Central Office the state of trade in every locality.

3) That the War Office, Admiralty and the Labour Ministry will work together.

22 September 1918   Sunday

Sul gwlyb ac annifyr.

Prydnawn heddyw cynhaliasom Ysgol Sul, buom yn darllen Ef. Ioan B.1 adn. 29–35. Sef Tystiolaeth Ioan Fedyddiwr i Fab Duw.

Nid oedd ond pump ohonom yn bresennol, ond mwynhasom y dosbarth yn fawr, ac yr wyf yn ei hystyried yn anrhydedd ddigyffelyb i gael wedi bod yn athraw.

Yr ydym yn awr yn mynd i gynnal Cyfarfod yr Hwyr, ac yn gweddïo am oleuni arno, a bendith ynddo.

Cynhaliwyd y Cyfarfod heno, a chafwyd llewyrch y Nefoedd arno.

Dechreuwyd gan Gunner Roberts, siaradwyd gan J. Owen Jones, a minnau.

23 September 1918   Monday

A great victory in the Holy Land. Over 18,000 prisoners & 150 guns taken.

Turkish Army in retreat.

Mounting Inlying Picquet this afternoon at 4.30p.m.

24 September 1918   Tuesday

Cyfarfod Gweddi Ymadael heno.

I was asked to become servant to Lieut. Saunders today, who came out from England this morning. I will accompany him up the line tomorrow.

Newidwyd y term 'Servant' i 'Batman' yn ddiweddarach. Saunders, H.A. ymunodd â'r Gwarchodwyr Cymreig yn 1916. Gwasanaethodd gyda B.E.F. o 31.1.17 hyd at 7.7.17 Anafwyd a'i gludo yn ôl i Loegr yn sgil y salwch. B.E.F. 23.9.18 at 12.3.19 Gwobrwywyd â'r Groes Filwrol. Penodwyd yn Lieut. 30.4.17.

25 September 1918   Wednesday

I did not go into the line today as expected, but we are on standby waiting for definite orders.

Cyfarfod Cymraeg. Mr Williams o Gonwy yn ein annerch.

26 September 1918   Thursday

Wel dyma fi yn barod i gychwyn i'r gyflafan unwaith etto, ac yr wyf yn teimlo braidd yn isel yngwyneb hyny.

Yr wyf yn cymeryd yr Arglwydd yn noddfa fel o'r blaen, ac yn pwyso arno Ef yn unig. Bydded i hyn oll fy ngwneyd yn gymwysach ar gyfer yr alwedigaeth nefol.

'Fy Iesu mae dyferyn bach o'th hedd
Mewn byd o boen, yn nefol hyfryd wledd.'

27 September 1918   Friday

Gorymdeithio'n flinderus dan faich anynol i Havre neithiwr, a mynd i un o'r tryciau gwartheg fel yn Chwefrol.

Deffro bore heddyw, a chael fy hun yn Rouen. Mynd i wersyll neillduol i aros y nos, ymolchi, shafio a glanhau i fyny. Mynd am dro efo David Roberts (Artisto Rifles) i'r dre' yn y prydnawn.

Teimlo yn hynod o flinedig a digalon.

'Am iddo roddi ei serch arnaf; am hynny y gwaredaf ef: am iddo
adnabod fy enw y dyrchafaf ef.'

Psalm 91: 14

Byddwn yn treulio heno etto mewn tryc.

28 September 1918   Saturday

Gorwedd neithiwr yn y cerbyd efo'r swyddogion. Adams, Davies, Simpson (Scots. Gds.) a minnau.

Aethom i'r trên yma oddeutu naw o'r gloch neithiwr ac y mae yn awr yn ddau o'r gloch y prydnawn, ac nis gwyddom pa faint yn hwy y byddwn cyn cyrhaedd pen ein taith.

'Eithr Crist, wedi dyfod yn Arch-offeiriad y daionus bethau a fyddent, trwy dabernacl mwy a pherffeithiach, nid o waith llaw, hynny yw, nid o'r adeiladaeth yma; Nid chwaith trwy waed geifr a lloi, eithr trwy ei waed ei hun, a aeth unwaith i mewn i'r cysegr, gan gael i ni dragwyddol ryddhad.'

Heb. 9:11–12

Gadael y cerbyd oddeutu pump, a gorymdeithio i Berles au Bois.

29 September 1918   Sunday

Mr Gwynne Jones a Mr Saunders yn myn'd i fyny'r line bore heddyw. Davies a minnau yn pacio eu pethau i fyny, ac i aros yn y pentref yma nes y gelwir arnom.

Cysgasom neithiwr mewn cert neu drwmbel yn y 'wainhouse' a bu agos iawn i ni ein dau rewi yno gan oered oedd.

Ar ôl diwrnod annifyr a chaled yr oedd yn ganol nos (12.00) arnom yn rhoi ein hunain i gysgu, a chodasom bore heddyw am chwech.

Yn y prydnawn symudasom i ben arall y pentref, ac yno mewn garret mae efe a minnau am orwedd heno. Yr wyf newydd fod yn bwytta uwd wedi ei wneud gan ddau o'r Irish Guards. Nid wyf yn teimlo yn rhyw gampus iawn wrth weled fy hun yn ôl yn yr ardal bûm ynddi (ar dywydd tebyg yn y Gwanwyn).

Ond beth am y Sabath?

30 September 1918   Monday

Diwrnod gwlyb, oer, annifyr.

*'It must be with nations as with individuals; in the great trials
of life they must become better or worse – they cannot stand
still. They must learn and profit by experience and rise to greater
heights, or else sink lower and drop eventually into the abyss.
And this war is the greatest trial of which there is any record in
history.'*
Viscount Grey of Falloden in a paper on 'The League of Nations'

1 October 1918   Tuesday

Bwlgaria yn rhoi i fyny, yn ddi-amodau.

Prif Swyddog y Cynghreiriaid yn arwyddo darfyddiad yr
ymladd.

*'Canys hwynt hwy yn wir dros ychydig ddyddiau a'n ceryddent
fel y gwelent hwy yn dda; eithr hwn er llesâd i ni, fel y byddem
gyfranogion o'i sancteiddrwydd ef.'*
Heb 12: 10adn

2 October 1918   Wednesday

Symud o Berles au Bois.

Yr ydym yn y trên yn awr, ac mae yn ysgwyd yn
anghyffredin.

Nid wyf yn gwybod ple rydym yn mynd.

Clywed heddyw fod J. Wilson Lloyd wedi ei ladd.

Yr oedd efe adref ychydig amser yn ôl.

3 October 1918   Thursday

Cyrhaedd neithiwr i bentref o'r enw Labriequirie.

Yma bydd y 'details' am beth amser mae'n debyg.

Mae llawer o olion Ellmynig ar y lle yma, Fritz wedi gadael
digon o brofion ei fod wedi bod yma yn ddiweddar.

Tywydd yn hyfryd.

Mae deg neu ddwsin yn mynd adref ar leave bob dydd yn awr.

Maent wedi dweyd wrthyf na chaf fod gyda Mr Saunders, ond fod yn rhaid i mi fynd yn ôl at y 'signallers'.

Yr wyf yn gwneyd gwaith orderly heddyw.

4 October 1918   Friday

A telegram came through today to all units in the field, bearing this welcome message:

'Turkey has surrendered'

This afternoon I went to the Transport on a bicycle from here (the Details at Labriequirie).

5 October 1918   Saturday

Pum mlynedd ar hugain i heddyw y ganwyd fi:

Stephen Owen Tudor i'r belen gynhyrfus hon.

Ar hyd y pum mlynedd ar hugain mae y Dduwies Trugaredd wedi fy ngwylio a'm cadw. Nid wyf wedi bod mewn newyn na haint. Yr wyf wedi yfed yn helaeth o ddaioni y nefoedd ar hyd yr amser mewn ystyron tymhorol.

Cefais rieni parchus, dygasant fi i fyny yn ofon ac athrawiaeth yr Arglwydd. Yr wyf wedi mwynhau holl freintiau yr Efengyl, ac os gelwir arnaf o flaen y Fainc cyn pen blwyddyn arall, byddaf yn ddiesgus am bob anghyfiawnder a phechod.

6 October 1918   Sunday

My brother David is nineteen years of age today.

We are lying at night in an old shed built by the Germans before their retirement, and a biting cold wind rushes through it to our discomfort. I am again today on 'orderly duty' from the Orderly room, and there is nothing in my work or surroundings to remind me that it is the Sabbath.

*'You were very low down, brother, we had to stoop to call to you;
the waters of God's waves and billows seemed to have gone over
you; you have been down to the depths, and I have been there
with you. But there is nothing in the depths that can separate us
from the love of Christ.*

*'You may go down, down, down till you seem to have got
beyond the reach of help from mortal man; but there are cords
and bonds which bind you to Christ that even these depths can
never break, come what may.'*

Late Rev. C. H. *Spurgeon in a sermon on* Romans 8: 38–39

7 October 1918   Monday

The Central Powers have openly proposed an Armistice to
consider peace negotiations.

Met Cliff, Gren. Gds. had a chat with him on the War
situation or rather the Peace situation.

His views and mine hardly concurred.

Mae dyddiadur Major Dudley-Ward i'w weld yn cytuno â barn Gren. Gdsn.
Cliff. Mae cofnod 7.10.18 – 'the Boche Allies have asked for an Armistice. We
are off again to finish the war. We moved at 5.30 p.m. and to-night as we rode
forward in the dusk we could see Cambrai burning – not very like an Armistice'.
Ynghynt roedd wedi cofnodi fod y C.O. yn poeni am ddiogelwch ei <u>geffyl</u>
oherwydd y taflegrau. Er fod y ceffyl yn werthfawr, erbyn y diwedd roedd rhaid
symud y ceffyl hwn at y ceffylau eraill!

---

8 October 1918   Tuesday

Cychwyn bore heddyw efo Prickett ac Almond o Labriequirie
oddeutu wyth o'r gloch a cherdded deuddeg kilo, cyrhaedd y
battn. oddeutu un a mynd ein tri i No. 2 Co.

Y prydnawn am bedwar cychwyn efo'r gatrawd tua'r llinell
neu yn agosach i fyny ynddi. Gorymdeithio deg cilo, a gorwedd
mewn ffosydd. Y Grenadiers yn mynd ymhellach i fyny, ac yn
mynd drosodd mae'n debyg yn y bore gyda'r dydd.

9 October 1918   Wednesday

*'Yna y llefarodd Solomon: Yr Arglwydd a ddywedodd yr arhosai
efe yn y tywyllwch.'*

II Chron VI:1

Ni chlywais y fath fombardio yn fy mywyd â'r bore yma. Fe
luchiwyd rhyw dunelli o dân ar ôl Fritz yn ardal Cambrai yma
ac yr wyf yn sicr ei fod yn cael amser cynnes ohoni.

Yr wyf yn awr yn y ffos y soniais amdani. Yn barod i fynd
ymlaen. Yr ydym ninnau hefyd yn disgwyl mynd trosodd.

Ond mae'r Arglwydd yn y tywyllwch.

10 October 1918   Thursday

Symud ddoe o'r ffosydd y soniais amdanynt, a chysgu heno
mewn hen dŷ. Yr oedd y gelyn yma ddoe; ond y ni sydd yma
heddyw.

Symud ychydig filldiroedd i bentref arall.

Yno yr wyf yn awr yn disgwyl cychwyn oddi yma oddeutu 2
o'r gloch y bore.

11 October 1918   Friday

Cychwyn oddeutu un o'r gloch y bore, a chroesi o'r llinell
efo'r wawr. Aethom ymlaen ychydig heb ddim gwrthwynebiad,
ond wedi cyrhaedd pentref St Vaast fe'n daliwyd i fyny gan
machine G. ac yma yr ydym ynghyffiniau y pentref. Yr oedd yr
Ellmyn yma bore heddyw, ond y ni sydd yma heno.

'The companies passed to the north of St. Hilaire and over a ridge which
separated them from St. Vaast. Although it was not light the enemy was
watchful and alert, and as the troops began to descend into the valley they
came under heavy machine gun and artillery fire. The enemy revealed himself
holding a line along the railway to the north of St. Vaast. As the light improved
machine-gun fire became more accurate.'

Mae nodyn chwerw gan y C.O. yn cofnodi: 'About this time hostile
machine-gun and shell fire on our leading troops was greatly assisted by our

corps heavies, who commenced to shell our support and reserve companies heavily. The enemy also gassed the valley and the village.' *Dyddiadur C.H.D.W.*

12 October 1918   Saturday

Aethom ymlaen wedyn heddyw. Ond gorfod i ni geibio ein hunain i'r ddaear am ein bywyd mewn cae ar dir tro, gan fod y lle yma mynd yn rhy boeth i ni fynd ymhellach.

Gwnaeth Prickets, Almond a minnau ddigon o le i guddio ein pennau, a threuliasom y nos yn y twll a gloddiasom.

13 October 1918   Sunday

Relieved tonight. Came back to St Hilaire. Slept with Gwilym Thomas (No. 2 Coy) on a bed in a good house in the village.

> 'Not a drum was heard, not a funeral note.
> In our course to the ramparts we hurried
> Not a soldier discharged his farewell shot
> Over the grave where our hero was buried.
>
> 'Slowly and sadly we laid him down
> In the field of his fresh famed glory
> We carved not a line, nor we raised not a stone
> But left him alone in his glory.'
>
> 'The Burial of John Moore'

'On the night of the 13th the battalion was relieved by the 1st Battalion Scots Guards and marched back to St. Hilaire.

To advance in this open country in the face of opposition required courage and initiative.' *Dyddiadur C.H.D.W.*

14 October 1918   Monday

Reveille at 7.30a.m. Breakfast at 8.00a.m. Rifle inspection at 10a.m.

I devoted the morning to 'digging myself out' generally and felt much better when that had been accomplished.

Am sitting by a stove fire at present, enjoying good health and many comforts. Wating for 'bed time'.

15 October 1918   Tuesday

Cawsom araith y bore gan y Cyrnol (Lt.Col. Ball D.S.O.) ymha un y dywedodd wrthym nad oedd arno eisiau carcharorion, ac am i ni eu lladd hwynt i gyd.

Fe roddodd ganmoliaeth uchel i'n gwaith yn ystod y dyddiau diwethaf.

Teimlo yn bur amddifad, yn noeth ac yn anghenus. Ofni fy hunan, Amen fy ffydd.

Gorfod i'r Ellmyn adael y pentref hyn ar gryn frys, ac y maent mewn trefn go dda ac yn weddol gyfan.

16 October 1918   Wednesday

Chwilio am wifr drwy'r bore, a chawsom gryn lawer ar hyd y pentref.

Gwnaethom deisen datws flasus heno, gan ddefnyddio 'corn flour' yn lle blawd.

> "'Since then," said Robin right is plain*
>   *And longest life is but a day*
> *To have my ends, maintain our rights*
>   *I'll take the shortest way.*
>
> *'Say then that he was wise as brave*
>   *As wise in thought as bold in deed*
> *For in the principles of things*
>   *He sought his moral creed.'*
>
>   *Wordsworth*

17 October 1918   Thursday

Symud heddyw rhyw bedwar cilo ar i 'nôl i bentref Carn – yr oeddwn yn mynd i ddweyd Carno – ond yn hytrach, Carniers.

Lle go dda etto i aros ychydig ddyddiau.

155

'All kinds and creatures stand and fall
By strength of prowess or of wit
'Tis God's appointment who must sway
And who is to submit.

'And thus among those rocks he lived,
Through summer's heat and winter's snow
The eagle he was lord above,
And Rob was lord below.'

Wordsworth on Rob Roy

18 October 1918   Friday

Newyddion rhagorol iawn heddyw.

Yr ydym wedi cymryd Ostend, Lille, Bruges a Douai.

Derbyniais lythyr heddyw oddi wrth Dada, ac yr oedd yn dywedyd fod y gwartheg wedi gostwng £5 y pen, arwydd fod y terfyn yn nesau.

19 October 1918   Saturday

'Nid oes ofn mewn cariad; eithr y mae perffaith gariad yn bwrw allan ofn: oblegid y mae i ofn boenedigaeth. A'r hwn sydd yn ofni, ni pherffeithiwyd mewn cariad.'

I Ioan 4: 18

Mae Dudley Ward yn cofnodi fod i'r C.O. ar y 19eg wedi cychwyn cyfnod o seibiant: 'the division was ordered to attack at 2p.m. on the 20th. 'The objective was to capture and consolidate on the ridge commanding the Harpiers River. The battalion was taken into action by me, the 2nd in command. We arrived by car at St Hilaire, I was without a map and had no idea where the battalion was, but a guide was to fetch me.' Mae'n cyfeirio at swyddog arall "who talked of places I had never heard of" nid oedd ganddo yntau fap. Ni allai ddweud dim wrtho ynglyn â manylion yr ymosod arwahan ei fod yn credu y dylai ddechrau am 2a.m. 'Finally the guide arrived and I reached the battalion at St. Vaast about 8.30p.m. Had some dinner and Co. Commanders to see me and tell me what they had been ordered to do.'

Dyma ni etto yn barod i gychwyn yn ôl tua bro a chyffiniau'r frwydr.

Yr ydym yn disgwyl gwneyd ymosodiad heno.

Dyma'r nos Sadwrn ryfeddaf ac nid Nos Sadwrn yn unig, ond y noswaith ryfeddaf a aeth dros fy mhen erioed. Fel yr oeddwn yn dweyd, ein bod yn disgwyl gwneyd ymosodiad felly y gwnaethom. Cychwynasom o Cornieres oddeutu pump heno, a cherddedasom i St. Vaast. Arhosasom yno tan un ar ddeg o'r gloch, ac aethom i fyny at y terfynau: Am ddau o'r gloch y bore yn union fe agorodd ein <u>barrage</u> a thyna un o'r golygfeydd rhyfeddaf a welais erioed, gan y mwg a'r tân yn fflamio o'n blaenau. Aeth y Grenadiers ymlaen a chymerasant yr 'objective' cyntaf, dilynasom ninnau hwynt ond aethom yn llawer pellach. Yr oedd yn bwrw yn drwm ac yr oeddwn wedi gwlychu at fy nghroen. Ac oddeutu awr cyn dydd dechreuasom geibio a gwnaethom ddigon o dwll i fod o'r golwg, ond oddeutu chwech o'r gloch dywedodd y Capten ei fod am geisio mynd ymlaen, ac felly gadawsom y cae hwnw ac aethom oddeutu milltir ymhellach, ac yno dechreuasom geibio drachefn, ond fe ddechreuodd y gelyn daflu tân atom nes collwyd mwy o ddynion o fy nghwmpas, a chredais innau yn sicr fod fy number i fyny. *'Wrth dy ystlys y cwymp mil a deng mil wrth dy ddeheulaw ond ni ddaw yn agos atat ti.'* Fe redodd Almond a minnau i le oedd Jerry wedi adael, ac yno cawsom gysgod purion – yn enwedig oddi wrth y gwlaw. Treuliasom y dydd ddoe yno a neithiwr a heddyw, ac y mae Jerry wedi bod yn saethu gryn lawer attom ar hyd yr amser. Cefais i gryn lawer o redeg i wneud, yn ôl ac ymlaen at y Capten, ac allan i drwsio y wifren, yr hon oedd yn cael ei thorri yn barhaus, ac yn cael ei thorri mewn cant o wahanol fannau ar yr un pryd. Yr oedd Jerry wedi gadael llawer o bethau ar ei ôl, ac yr wyf wedi cadw Testament Newydd Ellmynig a dagr.

Yr ydym ar yr ymosodiad hwn wedi ennill gryn lawer o dir a phentref, ac wedi meddiannu y cyfan at yr afon.

Heno, cymerwyd ein lle gan y Grenadiers ac yr oedd yn dda

gennym gael mynd allan, gan ein bod wedi cael amser caled odiaeth o honi ac wedi blino yn arw. Cerddasom allan neithiwr i St. Hilaire, ac ni bûm mor flinedig yn fy mywyd erioed. Yr oeddwn wedi blino nes peidio blino, wedi blino nes mynd yn ddideimlad, wedi blino cymaint fel nad oeddwn yn gwybod oddi wrth fy mlinder ymron.

Cyrhaeddasom y pentref a chawsom le rhagorol i gysgu, a gorweddais gyda Palmer. Cawsom ein brecwast bore heddyw am ddeg, a buom yn glanhau ein hunain ar hyd y dydd. Cawsom fath hefyd y bore yma am un ar ddeg.

Wel dyna, yn ddi-lun, hanes yr ymosodiad diwethaf hwn. Fe syrthiodd amryw o garcharorion i'n dwylaw, ac yr oedd rhai ohonynt yn neillduol o ieuanc. Terfynaf yr hanes gyda'r hen air Saesneg:

'God tempers the wind to the shorn lamb.'

Mae'r hanes uchod wedi ei ysgrifennu ar dudalennau o 19eg i 22ain Hydref.

23 October 1918   Wednesday
Y carcharorion yn dylifo i lawr – yn gannoedd os nad yn filoedd ar hyd y dydd.

Newyddion rhagorol.

'Gosod hwynt o fy Nuw fel olwyn; fel sofl o flaen y gwynt.'

Ps. 83:13

24 October 1918   Thursday
Spent the morning salvaging wire in the village.

Moved our billet in the afternoon.

Got well fixed up in another room in another house, just us three signallers with Trigg the Lewis gunner.

'Bydd ffyddlon hyd angau, ac mi a roddaf i ti goron y bywyd.'

Datguddiad 11: 10

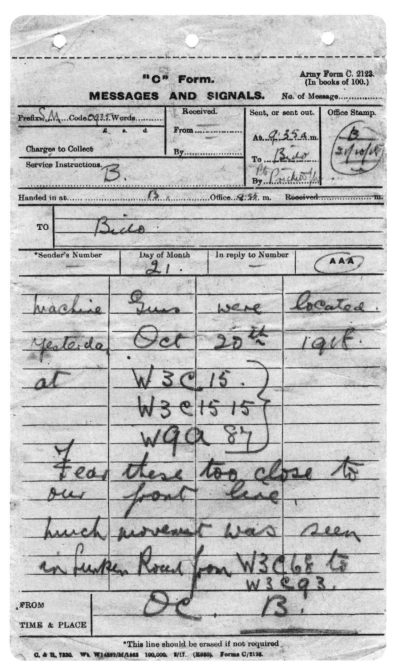

Signal yn llawysgrifen S O Tudor wedi'i blygu o fewn tudalennau'r dyddiadur.

25 October 1918   Friday

A scheme this morning
>The signallers are mostly new fellows.
>The old company has apparently dispersed.

> *'The toil of the day will all be charmed away*
> *In my little grey house in the West.'*

26 October 1918   Saturday

G. O. C's inspection.
>Major-General Matheson. Cmdg Gds. Divn. was very pleased with the 1st Battn Welsh Guards.

27 October 1918   Sunday

A miserable Sunday.
>Was sent this morning to the Cooker: on fatigue, and there spent the morning washing spuds etc.

Roedd cael eich gosod ar 'fatigue' yn gosb am fân gamymddwyn fel arfer.

---

28 October 1918   Monday

> *'O wir hanes sydd i drueni – 'n cenedl*
> *Yn nrycinoedd cynni;*
> *Fe wnâi sain ei hochain hi*
> *Braidd i haul i brudd welwi!*

> *'Diail nerth ein cenedl ni*
> *Yw goddef o dan do gweddi;*
> *Yn niwloedd ei dwfn alaeth – distawer*
> *A hir y glyna wrth law Rhagluniaeth.'*

>   *O awdl 'Gwlad y Bryniau' gan Y Parch. S. T. Jones (Alawn), Rhyl*

Dim byd neillduol o gwbl.

29 October 1918   Tuesday

Cymerais dro neithiwr a heno allan o'r pentref, ac ar gae agored yn yr unigrwydd a'r tawelwch, mi geisiais fynd am dro allan ohonof fy hunan hefyd.

Adeg i rodio wrth ffydd ac nid wrth olwg yw yn awr oblegid mae'r niwl yn rhy dew i mi <u>weld</u> fawr o ddim. Ond yr oeddwn yn teimlo neithiwr, os nad allaf <u>weld</u> yn awr y medraf glywed yr un fath yn y tywyllwch. O am glywed, ynte, clywed lleisiau a galwadau sydd yn tynnu enaid o'i gaethiwed wrth wrando arnynt.

30 October 1918   Wednesday

'A phan agorodd efe y seithfed sêl, yr ydoedd gosteg yn y nef megis dros hanner awr.'

Dat. 8: 1

Mae'r adnod yna wedi apelio ataf, nis gwn paham, ac nis gallaf ei hesbonio na'i hamgyffred; 'gosteg yn y nef'.

'Counting from the left, these armies stand in this order:-
2nd (Plumier) 5th (Birdwood) 1st (Horne) 3rd (Bryng) and 4th (Rawlinson)'

Evening Chronicle, Oct 21st

This Division (Guards) is in the 3rd Army.

31 October 1918   Thursday

A Scheme this morning. I was I/C, 'C' Station, it was extremely interesting.

This evening official news was received that an Armistice began to-day with Turkey. A message came through some time ago that Turkey had surrendered but it was false then.

I spent the evening with Messrs Shawrock and George of the Coldstream Gds., and we attended a lecture by our Divisional

Chaplain on President Wilson's fourteen points, the acceptance of which meant so much for Austria and Germany. It means <u>surrender</u> for them.

Ar y 8 Ionawr,1918, fe osododd yr Arlywydd Wilson 14 penawd o'i syniadau hanfodol ar gyfer sefydlu cytundeb ar Ddiwedd y Rhyfel Byd. Nodir testun y 14 penawd fel â ganlyn:

1. Open covenants of peace, openly arrived at, after which there shall be no private international understandings of any kind but diplomacy shall proceed always frankly and in the public view.
2. Absolute freedom of navigation upon the seas, outside territorial waters, alike in peace and in war, except as the seas may be closed in whole or in part by international action for the enforcement of international covenants.
3. The removal, so far as possible, of all economic barriers and the establishment of an equality of trade conditions among all the nations consenting to the peace and associating themselves for its maintenance.
4. Adequate guarantees given and taken that national armaments will be reduced to the lowest point consistent with domestic safety.
5. A free, open-minded, and absolutely impartial adjustment of all colonial claims, based upon a strict observance of the principle that in determining all such questions of sovereignty the interests of the populations concerned must have equal weight with the equitable claims of the government whose title is to be determined.

Mae'r 8 penawd dilynol yn cyfeirio yn benodol at Rwsia; Gwlad Belg; Ffrainc; Yr Eidal; Awstria-Hwngari; Rwmania, Serbia a Montenegro; ardaloedd Twrci o Ymerodraeth Ottoman, llwybr rhydd parhaol tuag at y Dardanelles; creu gwladwriaeth annibynnol ar gyfer Gwlad Pwyl.

14. A general association of nations must be formed under specific covenants for the purpose of affording mutual guarantees of political independence and territorial integrity to great and small states alike.

1 November 1918   Friday

Spanish Flu raging in Blighty.

Today I saw a telegram outside Brigade Hqrs. saying that an Armistice was signed today by Austria with Italy.

The news is so good that some fellows insist that the War will be over in less than a month, but I am not quite so sanguine.

Pricket goes on Brigade.

Almond and myself left for this (No. 2 Co.).

2 November 1918   Saturday

Symud heno. Gorymdeithio pymtheg cilo, a chario'r cwbl, a gwrthban gyda hyny.

Cyrhaedd Rhywle, a gorwedd mewn pabell, cawsom afael ar ddigon o wellt a chysgais yn rhagorol yr oeddwn yn gynnes fel twrch.

Wilby a Lehane efo fi.

'The battalion marched to Vertain and left on November 3rd.' *Dyddiadur C.H.D.W.*

3 November 1918   Sunday

Bore Sul.

Tra yr wyf yn ysgrifennu mae'r gorchmynion yn cael eu galw allan i ni. Yr ydym eisoes wedi rholio y blancedi a gludasom neithiwr drwy gymaint o ludded, ac yr ydym yn pacio y pethau nad ydym eisiau yn awr mewn sachau i'w gadael yma mae'n debyg.

Heno fe gyhoeddwyd fod gwasanaeth gan y Caplan – sef Gweinyddiad o'r Ordinhad, mewn pabell a godwyd yn y gwlaw at yr achlysur. Ar ôl hynny, cyfarfyddodd nifer ohonom ni y Cymry, a chawsom Gyfarfod Gweddi gyda'n gilydd.

4 November 1918   Monday

Codi bore heddyw am hanner awr wedi pedwar a chychwyn y siwrnai am saith. Buom yn gorphwys am ryw ddwy awr mewn cae ganol dydd, a chyrhaeddasom Villes Pol (pentref a gymerwyd yn y bore) oddeutu'r gwyll.

Cawsom wellt wedyn heno i orwedd arno, a tho wrth ein pennau, a berwasom datws o'r seler i swper.

Clywsom newyddion ardderchog heno. Byddinoedd y Cynghreiriaid yn mynd rhagddynt, a Baner Rhyddid yn pwyso ymlaen.

Ond a yw fy nghyweirnod wedi newid? Ofer ymffrostio mewn grym milwrol, nac ymddiried mewn nerth braich.

5 November 1918   Tuesday

Cael ein deffro am dri, a chychwyn oddeutu pedwar. Cyrhaedd pentref oddeutu un o'r gloch a chlywed fod yr Ellmyn yn dal i fynd tuag adre.

Gwelais lawer yn gorwedd yn farw heddyw, pob un â'i wyneb tua'r Rhein. Gweled llynnoedd bychan o waed yma a thraw – nid llynnoedd mawrion fel y dywed straeon, ond llynnoedd bychain.

Yn y pentrefi o gwmpas yma mae gwragedd a phlant yn cael eu rhyddhau o'u caethiwed, a mawr yw eu gorfoledd o'n gweled ni.

Disgwyl yn bryderus am y bore.

6 November 1918   Wednesday

Y bore yn dod fel arfer – wedi noson o fraw a marwolaeth.

Fe gollwyd dros ddeugain o'r gatrawd yn ystod y nos yn y pentref gan y 'shells'.

Cychwyn bore heddyw am bump a mynd tros y terfyn am chwech. Ennill rhyw bedwar cilo, ond cawsom ddiwrnod caled a cholledus. Gwlychais at fy nghroen, a bu'n bwrw wedyn heno drwy'r nos, ond fe fuom ni yn lwcus, oblegid bu (Co. Hqr No 2) mewn cysgod a chawsom dân i ymdwymo.

Fe ymladdodd Fritz yn galed heddyw ac fe barodd lawer o golled.

Y peth mwyaf trawiadol ydoedd croeso'r bobl i ni yn y tai a'r pentrefi fel yr oeddynt yn syrthio i'n dwylaw.

'Immediately after six I decided to have a look at Bavai. We were hand-shaken, we were kissed, we were cried over – a fearful business. About two hours later I withdrew companies into billets in Buvignies – the poor fellows were wet to the skin and deserved a rest. I announced that German Plenipotentiaries had come through the French line under a flag of truce to ask for terms.' *Dyddiadur C.H.D.W.*

7 November 1918 Thursday

Aros yn y fferm drwy'r bore ond cael mynd allan y prydnawn. Yr ail Brigade yn mynd drwom ni ac yn mynd ymlaen oddeutu pedwar cilo arall.

Daethom allan heno a gorweddasom mewn llofft ysgubor, a chyn cysgu clywsom fod cynrychiolwyr y gelyn wedi croesi'r llinell heno i gyfarfod y Cadlywydd Foch ac i drafod mater Cadoediad ag ef.

Mae Awstria wedi rhoi ei hunan i fyny hefyd.

Bu colledion y bataliwn y tro yma yn dros gant.

8 November 1918 Friday

Codi am haner awr wedi wyth.

Pobl y pentref yn dod â choffi i ni i'r gwely yn y bore cyn i ni godi. Mae hynny yn profi mor ddiolchgar ydynt.

Prydnawn heddyw bûm yng nghladdedigaeth un ar ddeg o'm cyd-filwyr a laddwyd yn y frwydr hon. Yn eu plith a rhoddwyd i orwedd yr oedd Masters y Signaller.

3878 Sergt. Marsters, C.E. (St. Ives) Lladdwyd ar faes y gâd.

'A phwy ohonoch a gauai'r dorau, neu a oleuai fy allor yn rhad?'
Malachi 1: 10

9 November 1918 Saturday

Cario'r pac am dair awr a chyrhaedd La Longueville.

Cael te am chwech ac y mae'r awel mor oer nes y mae yn

amhosibl bod ar draed. Felly yr wyf yn awr rhwng y blancedi efo Lehare yn barod i gysgu.

' "Army moving" gives no conception of the scene. For miles the roads were churned into mud and loose stones, ended at cross roads, forked roads and level crossings, in huge craters. Traffic had to turn into soft fields where horses plunged, jibbed and bogged.' *Dyddiadur C.H.D.W.*

10 November 1918 Sunday

Symud wedyn heddyw.

Cyrhaedd pentref y tu allan i Maubeuge.

Y Caisar wedi rhoddi ei orsedd i fyny, ac wedi dianc.

11 November 1918 Monday

Cad-Oediad
Derfydd yr Ymladd a'r saethu heddyw
am unarddeg o'r gloch.

Y Caisar a'i Fab (y Tywysog Coronog) wedi mynd i Holland.

Rhywdro yn dilyn y Rhyfel fe ysgrifennodd S O Tudor hanes sydd yn cynnwys cyfeiriad at y gorfoledd oedd ymysg y dynion wedi clywed y cyhoeddiad 'Derfydd yr Ymladd'. Gweler adlewyrchiad o hyn yn 'Twin Brothers'.

12 November 1918 Tuesday

Llawer o sôn ein bod yn cychwyn ein gorymdaith i'r Almaen Dydd Sul. Cant a hanner o filldiroedd.

Mae'r orymdaith fuddugoliaethus i Cologne yn cael ei chyfeirio ati mewn erthygl o dan y teitl 'Twin Brothers' ar ddiwedd y dyddiadur.

11 November 1918

MONDAY

Cad-Oediad.

Derfydd yr Ymladd
a'r saethu heddyw
am finarddeg o'r
gloch.

Y Caisar a'i Fab(y
Tywysog Coronog) wedi
ffoi'd i Holland.

13 November 1918   Wednesday

A Route March this morning.

Returned this evening to No. 4 Co. Received a good mail. Slept well with Balcombe.

Ar ddiwedd y rhyfela, 'Military routine continued without any change so far as hours were concerned, there was a slight alteration in the nature of the work, parades were of a more strictly ceremonial nature and greater attention was given to dress and smartness. Drill took place every day. They were to be the King's Guard for smartness.' *Dyddiadur C.H.D.W.*

---

14 November 1918   Thursday

This morning the battn. marched to Maubeuge where the freedom of the City was presented to Major-General Matheson C.B. and also a flag as a token of their appreciation and gratitude to the Guards Divn. who were the first British troops to enter the town and to liberate the people. There was a great ceremony, the Marseillaise and God Save the King being played by the band of the Coldstream Guards.

15 November 1918   Friday

Cymaint o wahaniaeth mae un syniad newydd yn ei wneud, un profiad newydd, un weledigaeth newydd, neu un goleu newydd. Gwelais heddyw yn y *Brython* esboniad Williams Parry ar yr emyn ardderchog, *Golwg Arglwydd ar Dy wyneb*.

Nid oes gofod i roi yr oll, ond prif syniad yr emyn ydyw dangos fod golwg (dim ond golwg) ar Ei wyneb yn dadgloi holl gylymau marwolaeth a'r bedd, ac os felly, pa faint mwy 'fy nghalon gas'.

Sŵn datod a rhyddhau.

Syniad arall newydd i mi oedd hwn.

'*Oblegid mae'r Arglwydd yn agos.*' Presenoldeb cyson, parhaus tangnefeddus Crist gyda ni bob amser – Yr Arglwydd yn agos.

The new brigadier appointed to the 3rd Brigade was John Cambell, of the Coldstream Guards. He had been away from the division for some time. 'He arrived in a bad temper. He wanted to command a Brigade of Guards in action, and the fighting was over; he was very sore.' *Dyddiadur C.H.D.W.*

16 November 1918   Saturday

R. Eiddon Jones yn cael ei godi o'i wely heno i fynd adref, ond yn cael ei droi yn ôl drachefn i aros pedair awr ar hugain arall.

'On the 16th an open-air Protestant Thanksgiving was held at Maubeuge. Preparations for the advance to the Rhine, 212 miles to Cologne, were in progress. On the 18th the division marched for Villers-sire-Nicole. The Details moved by bus to Solesmes.' *Dyddiadur C.H.D.W.*

17 November 1918   Sunday

Bore Sul.

Yr Ymdaith i'r Almaen wedi ei gohirio am 24 awr.

Yr awel yn finiog a gwenwynig.

18 November 1918   Monday

'Gwrando fy ngeiriau Arglwydd, deall fy myfyrdod.'

Ps. 5: 1

Yr orymdaith i'r Almaen yn dechrau.   Cerdded saith milltir.

Y noson olaf yn Ffrainc am gyfnod.

Aros yn Villiers St. Nicoles.

Tebygol mai Villiers sire Nicole yw'r pentref.

'The strictest march discipline was observed all the way. Full regulation kit was carried by each man, and the transport had its regulation load. Not a single man fell out on this march. The roads were bad, the marching at times was hard; many men had their toes through their boots before reaching Cologne, and soap could no more be supplied than shoe leather; the supply of fresh meat failed, as did forage for the horses. It was a great march, and the battalion deserves all praise for the way it was accomplished. It was in the nature of a parade march.' *Dyddiadur C.H.D.W.*

Gweler y cyfeiriad ar Ebrill 25 sy'n disgrifio'r 'Drums' a'r 'Shops' – y staff cefnogi – a'r swyddogion a'r gwahaniaeth rhyngddynt â'r milwyr cyffredin. Ar yr orymdaith i Cologne, arbedwyd llawer ar y staff cefnogi a'r swyddogion drwy gymorth cerbydau neu ar gefn ceffylau.

19 November 1918   Tuesday

Dros deng milltir heddyw a chyrhaedd lle o'r enw Binche, yn Belgium.

20 November 1918   Wednesday

12 milltir, a chyrhaedd Monceau-sur-Sambre.

Heno bûm efo dau o'r trefwyr yn eu cartref, 47 Rue Barbecux a chefais groeso anghyffredin.

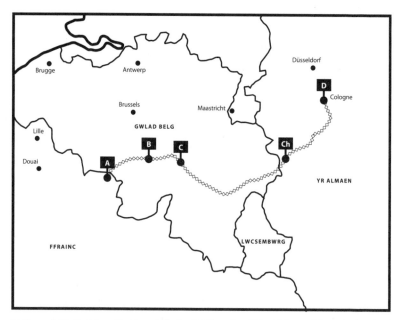

Yr Orymdaith Fuddugoliaethus 9 Tach – 20 Rhagfyr: 198 milltir, yn dilyn y Cadoediad

A	10 Tach	Maubeuge	Ch	14 Rhag	Hollerath
B	20 Tach	Monceau sur Sambre	D	20 Rhag	Cologne
C	29 Tach	Gesves			

'One town will always be remembered on this march- Monceau-sur-Sambre. The battalion was met by the municipal band. The burgomaster delivered an oration of welcome, the officers were banqueted and the men treated to the 'Wine of Victory'. Treasure and wine had been hidden from the rapacious Germans and now every Belgian who had possessed anything found a spade and dug it up. A genuine welcome, a heartfelt expression of thanks for deliverance.' *Dyddiadur C.H.D.W.*

21 November 1918   Thursday

We did not move today as expected.

A day's rest is very acceptable.

These people have impressed me by their intense kindness and unbounded hospitality. Also by their cleanliness – scrupulous cleanliness – in all their domestic life.

22 November 1918   Friday

Another day at Monceau-sur-Sambre.

Great Jubilation in this town this evening, concluded by the Town Band playing 'God Save the King'.

This evening I went to supper to M. & Mme. Charpentier at 47 Rue Barbecux.

23 November 1918   Saturday

'During the past four years of National stress and anxiety my support has been faith in God and confidence in my people.'

King George V in his speech to the Empire
in the House of Lords Nov. 19th 1918

The total Casualties of the British Empire are: 3,049,991
Published by the Under Sec. for War. Nov. 19th

24 November 1918   Sunday

Cychwyn fel arfer ar fore Sul.

Daeth Oscar Charpentier i'm gweld i ffwrdd.

Cyrhaedd Chatelôc [Chatelet] yn y prydnawn. Cymerais fy hynt hyd ei heolydd, yr oedd geneth ieuanc a'i nain ar ben drws yn un o'r prif strydoedd, dechreuais ymgomio â hwynt, a gofynasant i mi ddod i fewn ac yn fuan daeth y gŵr a'i wraig ymlaen a chawsom goffi amser tê, a swper ar ôl bod am dro yn gweld y dref. Yr oedd yno foneddwr o Ffrancwr yn bresennol hefyd, a chawsom noswaith ddifyr anghyffredin.

25 November 1918 Monday

Codi am bump, cychwyn am wyth a chyrhaedd lle o'r enw Fosses.

Rhoddais fy 'oilsheet' efo'r blanced heddyw, ac ar y ffordd fe ddaeth i wlawio, a chawsom orchymyn i wisgo y 'sheet'. Gan nad oedd gennyf un, pan gyrhaeddasom ben y siwrnai cefais '1 drill' gan y Capten ac yr oedd Sam y Sgt. Major wedi ei fodloni gymaint a phe buasai wedi dal y lleidr mwyaf ar y ddaear.

Yn ystod yr orymdaith yr oedd llawer o 'fussing and worrying over details'. Mae un dyfyniad am sgwrs rhwng y swyddogion yn adlewyrchu'r agwedd nawddoglyd hwn tuag at y milwyr. 'The Brigadier found Lieut-Col riding along the line: "Well Ball, everything all right?" Lieut-Col: "Splendid, except the under carriages of the brigade transport, which have not been cleaned." The Brigadier rode on and passed the battalion. Presently he came cantering up to the C.O. – "I say, Ball, your battalion is disgraceful! Two men going about like poets! You must see that they get their hair cut".' *Dyddiadur C.H.D.W.*

---

26 November 1918 Tuesday

Aros heddyw yn Fosses.

Neithiwr bûm ar 'Guard'.

27 November 1918 Wednesday

Mynd yn sâl sobor heddyw, ond mi gefais y fath groeso gan hen wraig yn y drws nesaf nad anghofiaf ef holl ddyddiau fy oes.

Cefais fy ngwasgu gan boen dirdynnol yn fy ystumog, fe ddygodd hi soffa at y tân, a rhoddodd fi i orphwys, tynnodd fy esgidiau, a dangosodd garedigrwydd nas gallai hyd yn oed mam ddangos ei burach.

Yr wyf yn well yn awr ar ôl cymryd 'castor oil'.

28 November 1918   Thursday

Move again, a hard stiff march of 5 hours. Arrive 'somewhere'.

[Nannine] *Dyddiadur C.H.D.W.*

The German Navy has surrendered up to the British Fleet in accordance with the conditions of the Armistice. (Last week).

Slept in a big barn or granary.

29 November 1918   Friday

Four hours march today.

Arrive at Gesves. We have struck excellent billets and hope to stay here a day or two.

30 November 1918   Saturday

Tachwedd yn mynd allan dan duchan.

Yr ydym ar <u>iron rations</u> yn fynych iawn yn ddiweddar.

Pedwar dyn mawr y byd heddyw ydynt:

Y Cadlywydd Foch; Mr Lloyd George; Yr Arlywydd Wilson; Brenin Alberto Ferdinand

Dylwn enwi un arall, sef Herr Ebert – Arweinydd newydd yr Almaen.

1 December 1918   Sunday

Dydd Sul.

Bore heddyw cawsom bregeth gan Caplan y Divn. ar 'Cerwch eich gelynion'. Ac yr oedd y gorchymyn yn swnio yn bur newydd. Dywedodd fod <u>casineb</u> yn golygu <u>dinistriad</u> mewn rhyw fodd neu'i gilydd, ond fod <u>cariad</u> yn golygu gwellhad a chynorthwy, ac mai ein dyletswydd ni yw ceisio gwella ein gelynion ac nid eu dinistrio.

Dwy flynedd i heddyw y cyrhaeddais y lle melltigedig hwnnw, sef <u>Caterham</u> ac nid yw'n debyg yr anghofiaf y <u>nos Wener</u> honno byth.

Tair blynedd i heddyw y tyngais lw o ffyddlondeb i'r Brenin Siôr Ved.

2 December 1918   Monday

Cael gorchymyn i olchi ein crysau, a'n tyweli budron, a chariwyd allan y gorchymyn. Cafwyd dŵr poeth a rhyw fath o sebon, a dipiau un platoon eu dillad a'r hyn oll a gynhwysent yn y dŵr, ac yna tynnent hwy allan yn lân(?).

3 December 1918   Tuesday

Cael gwahoddiad neithiwr i fynd heddyw i weled fferm Monsieur Leon Forglet yn Grawptinne ond daeth i wlawio yn rhy drwm i ni feddwl am gychwyn.

Gofynnwyd heddyw i ddynion roi ystyriaeth i'r cynigiad o aros yn y Fyddin.

Rhybuddiwyd ni hefyd o gadw yn glir o holl deimladau chwerwon a chwerylon y boblogaeth ddinesig os deuem ar draws pethau cyffelyb.

Debyg fod rhai o'r Belgiaid wedi bod yn ffrindiau â Fritz a'u bod hwy heddyw yn achosi chwerwedd.

4 December 1918   Wednesday

'Canys ennyd fechan y bydd yn ei lid; yn ei foddlonrwydd y mae bywyd; dros brydhawn yr erys wylofain, ac erbyn y bore y bydd gorfoledd.'

Psalm 30: 5

Deng mis i heddyw y cychwynais i'r wlad hon, ac y croesais y culfor – ac wrth gofio hynny mor briodol yw'r geiriau uchod – 'ac erbyn y bore bydd gorfoledd'.

5 December 1918   Thursday

Gadael Gesves: ar ôl llawer o garedigrwydd gan fobl y 'Café' lle y gorweddem, ac hefyd dyn y ffermdy lle yr elwn i ymofyn llaeth i'm swper, a hefyd gan yr hen wraig a'r plant amddifad oedd yn byw yr ochr arall i'r bont.

Taith braidd yn arw dros bymtheg cilo, a chyrhaedd Valy Tharoul, lle yr arhosasom y nos.

Vyle et Tharout

6 December 1918   Friday

Codi am hanner awr wedi pedwar, a chychwyn am saith.

Un ar bymtheg cilo heddyw a glanio yn Borlon.

Y ddeuddydd hyn yr ydym wedi dod ar draws gwlad debyg iawn i Gymru, ac yr wyf wedi gweled tir ardderchog, wel mewn gwirionedd mae tir Belgium yn ardderchog i gyd. Yr wyf wedi gweled ffermydd rhagorol ar fy hynt, ac yr oeddent yn dyrnu mewn un fferm ar y ffordd heddyw.

Mae gennym tua hanner can cilo i groesi i'r Almaen.

7 December 1918   Saturday

Aros heddyw yn Borlon, a phrydnawn heddyw buom yn golchi ein traed yn yr ysgubor lle yr ydym yn cysgu.

Pentref ar godiad tir yw hwn. 'Dinas ar fryn ni ellir ei chuddio.'

Mae'r bobl yr un mor garedig.

8 December 1918   Sunday

Teimlo yn gwla.

Mynd ar 'picquet' a cholli fy enw am esgidiau budron.

Derbyn llythyr oddi wrth David Jervis Felin-newydd ym mha un y dywedai nad yw yr Arglwydd wedi symud y groes o Eglwys y Graig.

Derbyn dau lythyr oddi cartref.

Clywed am farwolaeth Dafydd bach y Dolydd.

'colli fy enw' yn golygu cael eich cofnodi ar gyfer cosb; 'Take that man's name'.

9 December 1918   Monday

Capt. Batty returns to the battn.

Derbyn dau lythyr oddiwrth fy nhad yn mha rai y dywedai ei fod wedi apelio amdanaf, ddwy waith.

10 December 1918   Tuesday

Gadael Borlon, ac ar ôl y daith galetaf a gawsom hyd yn hyn, cyrhaeddasom ychydig o dai gwasgaredig mewn gwlad lom.

Yr ydym ni (16 Platoon) yn cysgu yn nhŷ'r dyn bach â'r farf fawr grasgoch, ac yr ydym wedi taro ar le go dda i dreulio'r nos.

Debyg fod gennym yn agos yr un pellter i fynd etto yfory.

Deuthom heddyw ddau cilo ar hugain, ac yr oedd yn llawn digon.

11 December 1918   Wednesday

Gadael Bartanage.

Diwrnod go galed, cerdded chwe awr, bwrw gwlaw braidd.

Gwneyd oddeutu 22 cilometer a chyrhaedd Arbrefontaine.

Teimlo'n lled flinedig.

12 December 1918   Thursday

Deg cilo heddyw a chyrhaedd <u>Ville de Bois</u>, ryw chwe cilo o'r terfyn, sef <u>terfyn Belgium</u>.

Cawsom wlaw heddyw ar ein taith. Yr ydym yn gorwedd mewn rhan o dŷ gôf a daeth atgofion am John Rowlands Llawryglyn i'm cof pan oeddwn gynnau yn yr efail.

'Dywedais, Cadwaf dy ffyrdd rhag pechu a'm tafod, cadwaf ffrwyn yn fy ngenau, tra fyddo'r annuwiol yn fy ngolwg.'

Ps.39: 1

O na allwn 'gadw'r ffrwyn' bob amser.

13 December 1918   Friday

22 kilometres.

Bore heddyw am hanner awr wedi wyth, tra'r gwlaw yn disgyn yn drwm, croesasom y <u>frontier</u> i dir yr Ellmyn.

Yr ydym wedi cerdded y tri diwrnod diweddaf yma drwy wlad uchel debyg i gefnau Maldwyn ac yr ydym yn aros heno mewn ardal felly.

Mae un peth wedi fy nharo eisoes am yr Almaen, sef ei chyfoeth mewn <u>coed</u>, ac mae argoel eu bod yn defnyddio pob tir gwael i dyfu coed.

Wel heno yw'r noson gyntaf yn Germani, ac yr ydym yn gorwedd yn nhŷ crydd ym mhentref Awel.

'The battalion crossed the German frontier at Poteau at 8.39 a.m. on December 13th. The weather was bad, with heavy rain and a high wind, and the roads in a fearful condition. The inhabitants were surly or servile.' *Dyddiadur C.H.D.W.*

---

14 December 1918   Saturday

General Election.

Cerdded y rhan fwyaf o'r ffordd heddyw drwy goedwig.

Y ffyrdd yn drwm ac yn hir a'r lleithder yn llethol.

Cerddasom dros un milltir ar bymtheg, neu oddeutu 26 cilo.

Gorwedd heno mewn ysgol.

'Yr Arglwydd a'i nertha ef ar ei glaf wely; cyweiri ei holl dy ef yn ei glefyd.'

Clywais y dydd o'r blaen am farwolaeth J. W. Daniels Llanbrynmair yn Ffrainc.

15 December 1918   Sunday

Diwrnod caled – y caletaf etto, h.y. yr oeddwn i yn fwy blinedig heddyw nag erioed.

Cerdded oddeutu 14 neu 15 milltir, a glanio mewn lle o'r enw Kalenduch.

Yr wyf yn teimlo ar lawr mewn mwy nag un ystyr. Hiraeth am 'newid awyr' ac am arogli awel bur y wlad sydd well –

'Paham y'th ddarostyngir, fy enaid? A phaham y terfysgi ynof gobeithia yn Nuw; canys etto y moliannaf ef, sef iachawdwriaeth fy wyneb, a'm Duw.'

Ps. 43: 6

16 December 1918   Monday

Dod i bentref digon di–nod rhyw bymtheg cilo, a chael gryn groeso gan bobl y tŷ.

R. E. Jones wedi dod yn ôl ar ôl bod yng Nghymru.

17 December 1918   Tuesday

Cerdded chwe awr heddyw a chyrhaedd Libnar. 22 kilometres.

Daethom drwy wlad ardderchog, gwastadedd teg a bob cam o ffordd dda.

18 December 1918   Wednesday

Gorphwys heddyw.

Aros yn Libnar.

'Iawn, Iawn
Ar gyfyng awr ar ddu brynhawn
A darddodd o Dy fynwes lawn
Di-lan yw dawn Dy gariad cu,
Rwyf innau'n clywed sŵn y môr,
Ar drothwy dor fy nghalon ddu.

'Mae'r wawr
Yn uchel ar y Bryn yn awr,
Ac ni fachluda'r Haul i lawr;
O! Iesu mawr, yng ngoleu'r dydd
Dwg fi i Graig sydd uwch na mi
O gyrraedd lli y farn a fydd.'

Dyfed, 'Iawn, Iawn'

19 December 1918   Thursday

Gadael Libnar. Dim ond deg cilo heddyw.

Cysgu mewn lle o'r enw Gouells, *[Gleuel]* mewn ysgol, yng ngolwg Eglwys Fawr Gadeiriol Cologne.

20 December 1918   Friday

Wyth cilo heddyw a chyrraedd Cologne – neu ran ohoni, y rhan a elwir Sulz.

Mae'r batn. yn aros mewn ysgol fawr digon o le i oddeutu mil o ddynion mewn un adeilad.

'All Details had arrived in Cologne by train on the 19th, so the whole battalion was assembled in a large school in Redwitz Strasse in Sulz, a suburb of Cologne.' *Dyddiadur C.H.D.W.*

Mae'n anodd credu, 100 mlynedd yn ddiweddarach, y byddai catrawd o filwyr troed, ar ôl dioddef profiadau'r rhyfel, yn cael eu gorfodi i oresgyn holl galedi a sialens yr "Orymdaith Fuddugoliaethus" er mwyn dangos mai hi oedd y fyddin oedd wedi gorchfygu.

---

21 December 1918   Saturday

Bûm allan heno am dro yn y dref efo R. E. Jones a G. R. Jones a buom mewn pictiwrs Germanaidd a rhai Germanaidd iawn oeddynt hefyd.

'Explicit orders were issued against any form of fraternising, a condition which most Germans in Cologne seemed only too anxious to foster. Certain restaurants were for the exclusive use of civilians, but otherwise there were few restrictions for troops.' *Dyddiadur C.H.D.W.*

---

22 December 1918   Sunday
Bu'r battn ar church parade bore heddyw, ac yr oedd gwynt ofnadwy.

Diwrnod annifyr dros ben.

23 December 1918   Monday
Nothing at all.

We fill in our Demoblisation forms this afternoon.

24 December 1918   Tuesday

'Trugarha wrthyf, O Dduw, trugarha wrthyf canys ynot y gobeithiodd fy enaid, ie, yng nghysgod dy adenydd y gobeithiaf, hyd onid êl yr aflwydd hwn heibio.'

Ps.57: 1

Nid yw'r aflwydd wedi mynd heibio etto, ond yr wyf ynghanol y llifeiriant, ac yn teimlo tonnau oerion difaterwch ac anghrediniaeth yn llifo drosof.

'Trugarha wrthyf, O Dduw.'

25 December 1918   Wednesday
Dydd Nadolig

Cawsom bregeth go dda y bore gan Gyrnol Eglwys Bresbyteraidd Scotland – y testun oedd Heb. 1: adn 1.

'Yn y gorffennol pell roedd Duw wedi siarad gyda'n hynafiaid ni drwy'r proffwydi. Gwnaeth hyn bob yn dipyn ac mewn gwahanol ffyrdd. Ond bellach, yn y cyfnod olaf hwn, mae wedi siarad â ni drwy ei Fab.' Llythyr Paul at yr Hebreaid Pen. 1. Adn. 1 beibl.net

Bum allan am dro yn y dref heno efo Cole o'r P of Wales Cor.

26 December 1918 Thursday

Parades as usual. President Wilson visits England this week.

27 December 1918 Friday

We had our photographs taken today.

Considerable talk of men going home.

Capt. Batty gives us lessons in German.

Yng nghefn y dyddiadur mae sawl tudalen o eirfa Saesneg > Almaeneg o'r gwersi rhain.

'On the 28th demobilisation commenced, 8 policemen and 5 miners, and next day 213 miners and 4 policemen; but after a time the hasty dispersal of the Army of Occupation became serious and had to be stopped.' *Dyddiadur C.H.D.W.*

28 December 1918 Saturday

Rain all day long.

This town of Cologne is very pretty this Xmas tide.

It is well packed with British troops.

The people do not seem to have starved, though everything is unreasonably dear.

Everybody is well clothed and there are plenty of young men left from the ravages of the Great War.

29 December 1918 Sunday

Gwasanaeth Gwirfoddol bore heddyw – y testun oedd, 'Gogoniant yn y Goruchaf i Dduw ac ar y ddaear tangnefedd i ddynion ewyllys da.'

Dros ddau gant o ddynion yn mynd adref o'r gatrawd heddyw.

Sergt. Lewis a Sergt. Parry a Cpl. Hopkins yn eu plith.

Cawsom ginio Nadolig heddyw.

30 December 1918 Monday

'Caersalem'
'Caersalem! Ti Ddinas Tangnefedd
Clyw ymdaith y llwythau o draw,
O agor dy byrth mewn gorfoledd –
Mae tymor yr Addewid gerllaw
Daw'r Genedl adre – dan wylo – i'w mangre,
I Ardd Gethsemane a Heol y Loes;
Ac anthem Caersalem fydd anthem y Groes.'

Y Parch. John T. Job o'r Cymru, Rhagfyr 1918

Signalling recommences.

31 December 1918   Tuesday
Cur yn fy mhen.

Wel, dyma ddydd olaf y flwyddyn ryfedd hon – y flwyddyn a enillodd y fuddugoliaeth filwrol fwyaf mewn hanes.

Yr wyf i yn eistedd wrth fwrdd mewn ystafell mewn adeilad mawr yn nhref enwog Cologne yn Yr Almaen, ac yn teimlo yn ddiolchgar fod yr orchest fwyaf ofnadwy wedi dod i ben.

Daethom drwy'r llaid a'r gwaed yn ddihangol a dyma ni â'n wynebau tuag adre, a Gobaith unwaith etto yn gwenu arnom ar ôl y tywyllwch a'r gelanedd.

Yr wyf yn dy gau dithau, fy Nyddiadur, ac ynot lawer awgrym mewn perthynas i fy mywyd yn ystod y flwyddyn 1918.

Twin Brothers

The War was over. At seven o'clock on the morning of November the eleventh, we were awakened by loud shouting, and we jumped on the straw in the old French barn. In a few seconds we were out among a huge crowd of soldiers and civilians all milling around and trying to read the notices that had been posted on doors in the village announcing that an Armistice had been signed, and that all fighting would cease at eleven.

My battalion had only come out of the line during the night, only a few hours ago, after a gruelling time. None of us would trust his ears, so we tried our eyes. That plain message on that rough door was there right enough, and it has stood before my eyes ever since. Yes, the war was over. We danced around, hugging and shouting, and drinking the thin, black coffee the kind village folk poured out for us. It was a glorious morning. I remember one witty fellow saying:

'Do yer know? It has stopped near the place where the bloody thing started. Just over there is Mons, where the Old Contemptibles saw the angels in 1914.'

Another wittier than he replied –

'I've been in it off and on for three years, and wounded twice; I've never seen any angels, but now I can almost hear the flappin' of their bloody wings.'

In the course of the morning we carried out the last definite duty connected with the slaughter, for we buried eleven of our comrades from my Company who had been killed the previous night. A long grave had been dug by the pioneers, and we gently laid down the eleven handsome bodies side by side. Before the sods and the earth were thrown over their faces one of our officers, standing on the edge of the grave, with his red moustache blowing in the Breeze, paid homage to those brave men, referred to the enemy plenipotentiaries that had crossed our lines in the night, and said these men were the last to pay the supreme sacrifice.

The Guards Brigade were soon lined up to lead the victorious march to Germany. They had been pushed into every tight corner of the Front for four years, and borne the brunt of the fighting on all the critical salients.

On that long march we carried seventy pounds on our backs, marched for fifty minutes, and rested ten in every hour. But we were young and strong as lions, and this march was a playtime after our other experiences, although it meant fifteen up to twenty five kilometres a day.

Many exciting incidents stand out in my memory; the rats crawling over our faces as we slept in those filthy barns; the excruciating colic in Belgium after drinking their bad coffee; the first glimpse of Cologne Cathedral through the December haze.

We marched on our empty stomachs. As soon as the Armistice was signed the Germans threw open the prison camps because they had no food for the prisoners. They were all free to go home. As we marched in, they straggled out, a constant flow of emaciated, starved men. Some of them had lived on mice, and moles dug from the ground. British troops hobbled along in French or Portuguese uniforms, French troops in British and Canadian clothes. Half of our meagre rations went to save them from utter starvation, and I never heard a murmur of complaint at this act of real philanthropy. Our evening meal was easily cooked. The cookhouse boiler waggon was filled with water, some few tins of bully beef were added, fire was lit under the boiler which followed closely behind. When we reached our destination we half filled our messtins with this 'soup', received a small piece of bread for each soldier, half of which we ate, and the other half we kept for the tea that was boiled (without washing it) in the same boiler.

Our feet, which were sore and blistered, were painted each night with iodine, and hardened for the next day's march.

One night, two or three fellows from a North of England regiment came into our barn, and we both got talking about our most harrowing experiences in the War. The story related by a young soldier named Hudson has haunted my mind ever since, although I had some experiences of my own that still produce a pain in the pit of my stomach when I remember them.

In Hudson's platoon were twin brothers, Harold and Herbert. They were exactly the same size and build, with the same tone of voice and accent, the same colour eyes, and the same gait. They were almost indistinguishable, and inseperable; and shared but one fear, that one should be killed and the other left standing by his side. They marched in and out of the line, through the summer, winter and spring months of every year. They slept together so that the extra blanket warmth could be shared.

On a mid-winter's night, the platoon was on its way up to the line, and had reached the desolate region where the trenches opened.

All this had been shelled to smithereens by our artillery, and by the Germans, alternately, for years. The platoon that night entered the trenches as usual, and started on its perilous trek to the front line, each man with a donkey's load of ammunition to carry on his back. They marched in single file, slipping on the duck boards that were meant to protect them from falling into the pools of mud on each side. Sometimes, if a man got into this sticky, filthy clay, he might sink up to his waist, and would hold up the column in trying to drag him out. Men were known in the battle of Passchendaele to drown in the mud.

On went the platoon, cursing and grunting on its weary way, on and on for miles, in the dark labyrinth of trenches. They slid and spluttered, stumbled and fell, got up and hurried on under their unbearable burdens. Word was often passed down the column: 'Make way for stretchers,' carrying the wounded away; or, 'Keep quiet!' or, 'Tell the rear to catch up,' and many similar orders.

At last they came to the snaky communicating trenches that criss-crossed the lines. The enemy's Verey lights shed their ominous flares on the battlefield, and the men had to crouch low to avoid being detected moving in. Fritz was extremely clever at knowing when regiments changed places in the line, and straffed the columns with terrible fury whenever he made the right calculations. Showers of shrapnel were blown over them with great loss and inconvenience.

That night, however, they had been fortunate. The platoon took over its assignment, and the relieved regiment moved slowly out. The process of taking over had passed off without mishap or casualty. There was nothing much to expect until 'standing to' at dawn. Fritz had not been aware of any movements.

Sometime during the night, Corporal Smith reported two men missing from the platoon. They had last been seen at the second line of communicating trenches. They were then marching near the end of the column, nothing more had been seen af them, but they had not been missed until Corporal Smith counted his numbers on a routine inspection. The Company commander was informed, he sent an enquiry through the other platoons, and then through the three other companies. Not a word was heard of them. Two men were missing – the twins.

Later it was known that Harold and Herbert had passed the second line in their proper place, single file. But at the third, a party which had been on No Man's Land on fatigue duty, setting up barbed wire entanglements, rushed across their path in the dark, and shoved them aside in their haste to get away down the line. They had lost their column, and must have turned accidentally into the wrong trench. They walked along this cautiously, but got bewildered in the dark night. From this they turned into another trench, but did not know whether they were going up or down the line. They asked some men about their platoon and their regiment, but were told that they had enough to do to look after their own platoons, and that they could go to the devil. The German minnenwerfers got busy, the situation was growing uglier and more desperate for them at every step. They sat down lonely and dispirited, with one consolation, that they were together, and alive – in hell.

They remembered the battle of Loos when Herbert had been wounded. There they had also lost their platoon; a young officer had come across them, and when they asked for their platoon had said, 'Never mind your platoon, dig yourelves in, and look after your lives'. They wondered if there were any more kind-hearted officers like him left in the Army.

After wandering about all night, when the day dawned they found themselves out of the trenches altogether. They were utterly exhausted and hungry, and tried to snatch short minutes of alternate sleep. They kept on the move, appearing to be going on some duty, and some kind fellows shared rations with them. Hunger and loneliness play strange tricks on the mind. Harold and Herbert became more and more confused until they had reached the state when they were indifferent to their fate. They had now no idea where they were, except that they were alone, together, and lost.

Suddenly a sergeant from an artillery regiment asked them where they were going, and they told him which unit they belonged , and that they had lost their platoon on the way to the lines. He said they could go and tell that story to the marines, and immediately put them under arrest. They were safely escorted back to their platoon, finished the time in the line, but as soon as they came out, they were put in the guard room, and the usual course of military routine followed.

The Commanding Officer was not inhumane, and listened to their story. It is true that they were very frightened, and inarticulate. But he knew the twins, and in his heart he was inclined to believe them when they truthfully said that the last thing they would ever dream of doing was leaving their duty, and their comrades under fire in the line.

But it was a critical time in the War. Discipline was the only principle that would bring us through. Moreover in this case, unfortunately, another regiment had been involved in arresting the men. If a report went through to Division Headquarters, there might follow very unpleasant repercussions for him. After some hesitation he acted in the 'safe' manner, which is usually the wrong way, and committed the twins for court martial.

A strict military court without any human contact with the accused, and with only the lame defence of a defending officer to guide them, could hardly be expected to bring in but one verdict, which was death.

Hudson said that some people in England intervened on their behalf, and that the case was referred to the highest Army court. But this confirmed the verdict of the court-martial.

Appeals on humanitarian grounds had been rejected. All this took months, the legal processes of military law are slow, but exceedingly thorough and final.

Their comrades in the unit had not been in touch with all the developments, and in any case, they had moved about on the front, and had fought and bled on many sectors while all these enquiries were proceeding. Harold and Herbert had faded from the centre of their interests.

One night, the same platoon was again out of the line in a village in France. Hudson and five of his comrades were sleeping in a relic of a house, in a room which the enemy fire had not blown away. Hudson remembered being rudely shaken in the dark. A sergeant stood over them with a guttering candle in his hands. They were required on an urgent call as a party to go up the line. That was the sort of call every soldier had been accustomed to hear, the extra, unusual call to fall in and fill up some gap in a fateful situation. The six men were ready outside in fifteen minutes, dressed in battle order.

A young officer appeared, inspected them carefully, their dress and arms, looking at each rifle, testing the magazines, bolts, and barrels.

At word of command they marched off briskly, down through the village street, and turned into a field, with the dawn gently breaking. The officer led in front and the sergeant followed in the rear. They marched across the field, and came to a very high wall at its far end. Here they were halted, and turned to face the way they had come, with the village getting to be more clearly visible.

In a few minutes, they heard the order:

'Shun About turn.'

There standing in front against the wall were two human blindfolded objects. The next order came:

'Fire'. The two men collapsed.

'About turn; quick march.'

They were soon marched across the field, and back to their quarters. They were deadly silent. The ghastly truth had dawned on them. Hudson fell across his bed, he had realized that, in sheer ignorance, he had performed the last hideous inhuman act of military revenge on two of his harmless, innocent friends. And that, said Hudson, was his worst experience in that dreadful War.

Dyddiadur 1919

3545 Sigr. S.O. Tudor
4 Coy.
1st Batt^{n}

WELSH GUARDS

B.E.F.   Cologne
Dec 29th 1918

Sylwer mai dyddiadur a brynwyd yn Cologne yw Dyddiadur 1919, ac felly mae'r misoedd yn Almaeneg ond nid yw dyddiau'r wythnos wedi eu cynnwys. S O Tudor sydd wedi ysgrifennu enwau'r dyddiau yn Saesneg.

Tudalen flaen gwreiddiol Dyddiadur 1919

President Wilson paid a visit to his mother's birthplace Carlisle on Sunday Dec 29th 1918; and in the course of an address at the Congregational Chapel he said:

> *'Like little rivulets that gather into the river and the river into the sea, so there goes out from communities like this streams that fertilise the conscience of man, and it is to the conscience of the world that we are trying now to place upon the throne which others tried to usurp.'*

Acknowledging congratulations on his sweeping victory at the polls, Mr Lloyd George said: 'It is now a question of using it properly' – he also said that President Wilson and himself were in complete agreement.

Wednesday Januar 1

I commence my new year in Germany. We had a General Holiday today.

Visited Church Army Hut in the evening.

Thursday Januar 2

The General Election results came to hand today. They stand thus:

Coalition	529
Non-coalition	177
Coalition majority	352

The great sensation of the election was Mr Asquith's defeat at East Fife.

Friday Januar 3

I go on leave.

I leave the barracks at Sulz at 2 o clock and catch the 3.53p.m. leave train from Cologne in which I am now in the company of several Canadians and Guardsmen.

I know not yet whether I shall be obliged to return or not – but I hope not and shall do my best to keep out.

Saturday Januar 4

I spend all day in the 'cattle truck'. The hours sped by, not unpleasantly, and certainly much more swiftly than the engines which pulled us. Several good anecdotes were told, and the Irish Gds kept us merry.

Sunday Januar 5

We find ourselves outside Arras shortly after day break and many and varied were our reflections in traversing the never to be forgotten battlefield. We arrive at Boulogne about ten o clock, spent the miserablest of wet nights in those beastly tents.

Monday Januar 6

I get up before 5a.m., wash and shave myself but wait an age in the grippling morning for my breakfast – wait in the everlasting 'Army Queue'.

I embark at 2p.m. and land at Dover about 4.30 – had my feet once more – thank heaven – on the best land in the world.

Tuesday Januar 7

6.30 I am at present in the Soldiers and Sailors buffet at Shrewsbury, and hope to be at home in a few hours.

I arrived at Caersws about 10a.m. and walked up to Rhydycarw. Met several people on the way who were astonished to see me again.

Arrived home. Great Jubilation.

In the afternoon went with Father to Newtown.

Wednesday Januar 8

John Thomas Clwydyronen is here, having been discharged

from the army after being twice wounded. I spent the day quietly and went to the prayer meeting at Gleiniant this evening.

Thursday Januar 9
Went again to Newtown, to the Labour Exchange to make an attempt at getting myself again free. We called this morning at the Scafell and had a look at the farm. I returned this evening to Rhydycarw but Dad stayed in Caersws.

Friday Januar 10
Dod i fyny heibio Braichyfedw i Nantyrhafod.

Mynd i'r Felin heno. Hugh wedi mynd i lawr i fynd i werthu'r ceffyl.

Pum mlynedd i heddyw bu farw fy annwyl Fam.

Saturday Januar 11
Mynd am dro.

Golwg dda iawn ar Nantyrhafod. Llawer o gyfnewidiadau yn yr ardal.

Sunday Januar 12
Yn y Graig. Y Parch. W. S. Jones, Neuadd yn pregethu yno.

Monday Januar 13
Mynd i Bacheiddan a Cefnrhosan am dro.

Tuesday Januar 14
Mynd i Aberbiga a Rhydysaeson.

Cyfarfod gweddi yn y Dolydd.

Yr oeddynt yn claddu Mam bum mlynedd i heddyw.

'Y ddaear a heneiddia fel dilledyn.'

Wednesday Januar 15

Dod i lawr a mynd i Carno – i weled teulu Liverpool House. Bûm hefyd yn y Plassau a dychwelodd Sallie a minnau i Gaersws. Arhosais i yno – ond aeth Sallie adref.

Thursday Januar 16

Mynd i Drefnewydd.

Dywedwyd wrthyf fod fy apêl am gael dod yn rhydd o'r fyddin wedi cael ei chymeradwyo gan yr Advisory Committee.

Friday Januar 17

Gartref heno. Dau fab a merch Dr Owen yno.

*'And in the dusk of thee, the clock
Beats out the little lives of men.'*

Tennyson

Saturday Januar 18

Cychwyn i Lanidloes.

Mr Louis Pryce Burden yn marw heno

Sunday Januar 19

Cyfarfod Gweddi yn Gleiniant y bore. Y Parch. Wm Roberts Machynlleth yn pregethu yr hwyr – ac yn pregethu yn ardderchog.

Monday Januar 20

Buom yn lladd mochyn y prydnawn.

Mynd i Lanidloes heno a galw yn Gellilefrith ar fy ffordd adref.

'Y rhai a gerwch yr Arglwydd, casewch ddrygioni: Efe sydd yn cadw eneidiau ei saint, Efe a'u gwared o law y rhai annuwiol.'

Ps. 97:10adn

Tuesday Januar 21

Fe agorodd y Gynhadledd Heddwch yn Paris Dydd Sadwrn Ion 18; dan arwyddion o lwyddiant amlwg i fod arni. Agorwyd y Gynhadledd mewn araeth gan M. Poincare, Arlywydd Ffrainc, araeth odidog ryfeddol. Siaradwyd hefyd gan yr Arlywydd Wilson a Mr Lloyd George – a phenodwyd M. Clemenceau (Prif Weinidog Ffrainc) yn Gadeirydd.

Wednesday Januar 22

Cynrychiolwyr Prydain ydynt: Mr Lloyd George (Prif Weinidog); Mr Bonar Rees (Lord Privy Seal); Mr Balfour (Ysg. Tramor); Mr S. N. Barnes (Llafur).

Fe godwyd 'ail Empire' yn Nantyrhafod heddyw.

Priodas Miss Gladys Jones, Staylittle a Mr R. Haydn Brown, Foel.

Thursday Januar 23

Mr A. R. Owen Aberbiga yn aros yn Rhydycarw heno.

*'Tybygwn pe bai'n troed yn rhydd
O'r blin gaethiwed hyn
Na wnawn ond canu fyth tra fwyf
Am ras Calfaria fryn.'*

Friday Januar 24

Sale yn Caersws. Gwerthu 2 a llo am £11 a £1

A phrynu pedwar.

2 am £18.45

2 am £18.12

6 yn Ystradgoed am £22.10

Saturday Januar 25

Clywed heddyw fod yn rhaid i mi fynd yn ôl ar Chwefror 3ydd.

Mynd i Drefnewydd ac yn ôl i Lanidloes.
I Glandulas i swper ac adref heno.

Sunday Januar 26
Y Parch. John Evans yn Gleiniant y bore.
Cyf. Gweddi yn yr hwyr.
Sabath dymunol iawn.

Monday Januar 27
Mynd â gwartheg i fyny i Nantyrhafod. Eira go fawr heddyw a heno. Dada yn sâl yn Caersws.

Tuesday Januar 28
Dod i lawr ac i Gaersws. Dod yn ôl efo Sallie yn y trap.
Pregeth yn y Graig heno gan y Parch. Wallace Thomas.

Wednesday Januar 29
Y gauaf yn galed.
Mynd i Nantyrhafod.

Thursday Januar 30
Aros yno. Mynd am dro etto heno i (ysgrifen annealladwy).

Friday Januar 31
Cychwyn i lawr. Treulio heno yn Cambrian Villa Caersws a galw yn Rhufeirfor efo'r Dr. Rees (ap Gwyddon). Ei wraig Mrs Rees (Awen Mona) yn sgwrsio yn ddifyr am lenyddiaeth.

Heno gwnes f'ewyllys gan mai doeth oedd hynny yng ngwyneb y ffaith fy mod yn troi yn ol i drybini'r Fyddin.

Saturday Februar 1
Cychwyn i ffwrdd ond yng ngorsaf Caersws cael fy hysbysu nad oeddwn i fynd oblegid rhyw orchymyn ynghylch y rheilffyrdd a chael fy nhroi yn ôl am saith diwrnod.

Sunday Februar 2

Y Parch W. R. Owen yn pregethu yn Gleiniant y bore a'r hwyr oddiar Eseia 32 i 41 5adn sef ar yr angen angerddol am dywalltiad grymus o'r ysbryd o'r uchelder. Edward Bennett Jones ar hyd y lle yma efo gwn, eis atto ar ochr Cilhaul ac eis â'r dryll oddiarno.

Monday Februar 3

David Hugh yn dod i Rhydycarw heno am dro.
Leopold Neister y carcharor Rhyfel wedi bod yn dyrnu yn B House.

Tuesday Februar 4

David Hugh a minnau yn mynd i Gaersws.

> *"Mordwyo, mordwyo*
> *o gyrraedd o glyw*
> *myfi wrth y rhwyfau*
> *a run wrth y llyw."*
>
> *Eifion Wyn*

Bum yn y Falian y prydnawn a Llan'mair y nos

Wednesday Februar 5

> *'Bu'r Eglwys yng Nghymru yn isel Ei phen*
> *Yn holi'n bryderus ple'r aeth yr Amen*
> *Ond wele'r Deffroad ar fynydd a dôl*
> *A'r nefoedd yn gyrru'r Amen yn Ei hôl.'*

Fe ddaeth yr Amen, hen hwyliog Amen, a'r nefoedd yn canu yn sŵn yr Amen.

Thursday Februar 6

'Y bardd trwm dan bridd tramor – y dwylaw
   Nas didolir rhagor;
  Y llygaid dwys dan ddwys ddor,
  Y llygaid nas gall agor!

'Tyner yw'r lleuad heno – tros fawnog
   Trawsfynydd yn dringo;
  Tithau'n drist a than dy ro
  Ger y ffos ddu'n gorffwyso.

'Garw fu galw o'i gell – un addfwyn
   Ac o noddfa'i lyfrgell;
  Garw rhoi'i bridd i'r briddell,
  Mwyaf garw marw ymhell.'

                R. Williams Parry, i Hedd Wyn

Dafydd yn dod adre heno

Friday Februar 7

Neithiwr bum mewn cwrdd pregethu efo'r Bedyddwyr yn Llanidloes - y Parch Jubilee Young a Morgan Jones yn pregethu. Testun Morgan Jones oedd 'o na bai i mi adenydd fel colomen'

Deuais adref efo Mr J Breeze Gelli Lefrith a bum yn swppera yno.

Yr wyf yn awr yn cychwyn i ffwrdd unwaith etto. Yn mynd i Gaersws yn awr.

Streics ofnadwy yn Llunden.

Saturday Februar 8

Cychwyn oddi cartref am unwaith arall.

Cyrhaedd Llundain oddeutu 10 o'r gloch heno.

Aros yn 80, Sloane Avenue. Mynd i Shepherds Bush y prydnawn.

Sunday Februar 9

Y Parch P. H. Griffith yn pregethu yn Charing X heno. Ei destun oedd Genesis 10:8 Nimrod a ddechreuodd fod yn gadarn ar y ddaear.

Teulu dyn wedi ysgaru yn ddau sef teulu Cain a theulu Seth. Nodwedd teulu Cain oedd ymroddi i'r ddaear a theulu Seth ymhyfrydu mewn byd arall - byd ysbrydol

Prif bechod Cain oedd diffyg gwyleidd-dra – pechod peryglus ofnadwy yn yr oes hon. Nimrod oedd sefydlydd un o ymerodraethau cyntaf ac yn Babel y dechreuodd dynion setlo i lawr ar y ddaear – y Beibl yn gadael hanes gogoniant yr ymherodraethau a'r teyrnasoedd i son am Abram am mai o'i deulu ef yr oedd y Brenin mawr diweddaf i godi yr hwn sydd i lyncu pob teyrnas iddo'i Hun.

Monday Februar 10

Cychwyn o Victoria am 6 y bore. Cyrraedd Dover yn brydlon a chroesi'r culfor i Dunkirk. Yr eira yn drwch gwyn ar feysydd Kent a minnau'n treulio'r nos mewn tryc gwartheg, ar ôl hongian yn yr oerfel am oriau.

O! helynt blin.

No rations since 12 yesterday.

Tuesday Februar 11

I wish I could depict life in a cattle truck. There are 33 men in this one and it has been very unpleasant here because we have no means of warmth.

'Silence reigns supreme' – everyone seems submerged in his own thoughts. The train has been at a standstill almost between Lille and Tournay all day.

Wednesday Februar 12

The veil is slowly lifted today and there is more said – in fact we are sometimes actually in conversation. I think the organisation of the R.O.D. must be ROTTEN because we see long long trains creeping in the other direction and our own held up by trains in front. I am now at Charleroi 5p.m. Have been reading *Les Miserables* and it really is a tonic.

Thursday Februar 13

In company with Cpt. Mitchell Farrioe back again in the barracks at Sulz Cologne.

Here I am again, the army all over with its rough ways and its unatural life. I regret very much having returned. I now wish I had defied them and stayed at home.

'Pe rhodiwn ynghanol cyfyngder Ti a'm bywheit'

Ps 138-7

Friday Februar 14

'If it had not rained in the night between the 17th and the 18th of June 1815 the fate of Europe would have been different.'

Victor Hugo, Les Miserables, *p.150*

'Eithr arnat Ti O Dduw y mae fy llygaid; ynot ti y gobeithiais; na ad fy enaid yn ddiymgeledd'

Ps 66-8

Saturday Februar 15

Hiraethu yr wyf am gael teimlo'r Gallu anherfynol yn dechrau fy ysgwyd etto. Beth a wnaf? Oblegid mae rhyw ddyfroedd chwerwon yn ymderfysgu yn fy enaid. Mae hawliau ac awdurdod y <u>deyrnas oddi uchod</u> yn galw arnaf; ac yr wyf finnau yn anfoddog a blin yn nhir fy nghaethiwed.

O am gael nesu Atto i swyn gogoneddus ei bresenoldeb nes teimlo fod y caddug tywyll yn troi yn oleuni disglaer.

Sunday Februar 16

Treulio'r bore yn ddi-fudd. Ysgrifennu llythyr ar W. G. Anwyl – H. D. Davies yn mynd adref ar 'leave'.

Yn yr hwyr euthum i Eglwys Brotestanaidd yn y ddinas lle cawsom bregeth Seisnig gan un o'r Caplaniaid. Yr oedd Cole a Cornit (Gren. Gds.) gyda mi.

Monday Februar 17

Cael ein hysbysu y bydd yr Adran hon, sef y Guards Division, yn cael mynd adref i Lundain rhywbryd yn ystod mis Mawrth.

Prydnawn heddyw yng nghwmni Cole, Penry a Coombes euthum i Bonn, tref <u>enedigol</u> y cerddor <u>anfarwol</u> Beethoven.

Tuesday Februar 18

*'Jean Valjean set to work teaching her to read. At times he thought
that it was with the idea of doing evil that he learned to read at
the galleys and this idea had turned to teaching a child to read.*

*'Then the old galley slave smiled the pensive smile of the angels.
He felt in it a premeditation of heaven, and he lost himself in a
reverie; for good thoughts have their depths as well as the wicked.'*

Victor Hugo, Les Miserables *vol 1, Page 439*

This morning we had a lecture on that perpetual subject
Venereal Disease. We were also told that we should leave here
the end of March.

Wednesday Februar 19

'Yr afon'
Nid eill y marian
Arafu ei lli
na'r glasgoed ei lleithio,
Ond i orffwyso
Y môr iddi hi.

'Sua'n wylofus
Ar lechwedd a dôl
Hiraeth sydd arni
Ac nid yw'n ei golli
Nes cyrraedd yn ôl.'

Eifion Wyn

Thursday Februar 20

The Germans accepted the new Armistice terms at the last hour
on Monday. Marshall Foch imposed very strong obligations
upon them on behalf of the Allies. Entire demobilisation – and
destruction of U boats.

This evening I went with Davies Prince of Wales Co to 2nd

army pictures in Cologne and saw 'The Rose of Blood' dealing with the Russian Revolution.

Prydnawn heddyw bûm ar ben un o dyrrau Pont Hohenzollern yn edrych ar ddinas Cologne yn ei gwychder bob tu afon Rhine.

Friday Februar 21

'Ein Tad cofia'r Arab
A gwsg tan y lloer
Mae'i wisg ef mor deneu
A'th wynt Di mor oer.'

Eifion Wyn

It was on February 11th 1919 that Ebert, the saddlers assistant of Baden, became the successor of William ll, the Hohenzollern.

Saturday Februar 22

Mr Evan Roberts (Y Diwygiwr) sent a letter to Revd. Dr John Wms, Brynsiencyn and I would like to quote a portion of it:

'The dawn is broken and it is day. I see others in the fog and in the mist of the vale but they are not to remain therein. I hear the footsteps of thousands issuing from great tribulation. I hear the groans of the multitudes and the distressing cries of death, and the anxiety for the prosperity of the church, but all the power of hell cannot hold these in bondage ... I know that the mighty power of old shall again return. I now hear the sound of the wind.'

Reverend Evan Roberts 1878-1951 (Y Diwygiwr) Revivalist to Reverend Dr John Williams 1854-1921. Two controversial men at each end of the religious spectrum of the period. The writer was an extremely popular preacher, very prominent in the Reformation of 1904/6. His oratory was regarded by some as inflamatory and of transient effect. The recipient was a retired minister and through a 'good' wedding had been able to retire at the age of only 52. He started recruiting men to the army within two days of the declaration of Britain entering the war and was soon a Recruiting Officer with the rank of Captain engaged fervently in persuading men to 'go to war'.

Sunday Februar 23

Went to Church Parade and to the Scotch Presbyterian Service. In the evening went to the big Lutheran church where the same chaplain as last Sunday preached.

Monday Februar 24

This evening I went with Coombs (Gren. Gds.) to the cinema and I really cannot understand why so many men can be interested by such mere nonsense.

Teimlo'n hiraethus a lluddedig fy ysbryd.

I have been reading *Heart of the World* by Ryder Haggard.

Tuesday Februar 25

Derbyniais lythyr ddoe oddi wrth fy nhad yn yr hwn y dywedai fod 'yr hyfryd wawr sy'n torri draw yn dweyd fod bore braf gerllaw'.

Fy ngofid a'm trallod bob bore pan ddeffroaf a phob nos pan orweddwyf yw fy mod yn ymruthro drwy fy einioes heb ymgomio digon ag Awdur fy mywyd.

Wednesday Februar 26

Prydnawn heddyw eis drachefn am dro i Bonn a phrynais amryw o bethau bychain i fynd adref gyda mi i gofio am y ddinas.

Thursday Februar 27

'Hiraeth'
'Nid wy'n cofio dydd croesawu
Nac yn cofio dydd mwynhau,

Heb fod bore'r ymwahanu'n
Taenu'i gysgod dros y ddau.'

Eifion Wyn

Friday Februar 28

This is the principal heading of the *Daily Express* for one day
this week: Europe on the verge of chaos.

Three hundred million people threatened with hunger and
madness.

It seems that anarchy is raging.

' *"My father," Marius continued with downcast eyes and a stern*
air 'was a humble and heroic man who gloriously served the
Republic of France, who was great in the greatest history which
men ever made who lived for a quarter of a century in a bivouac,
by day under a shower of grape shot and bullets, and at night in
snow, mud, wind and rain. He was a man who took two flags,
received twenty wounds, died in forgetfulness and abandonment,
and who had never committed but one fault, that of loving too
dearly two ungrateful beings – his country and myself.'

Victor Hugo, Les Miserables, *page 582*

Saturday März 1

Dydd Gŵyl Dewi

Heddyw gwisgodd bob dyn yn y gatrawd geninen yn ei gap
– neu yn hytrach ddwy.

'Gwisg geninen yn dy gap
A gwisg hi ar dy galon.'

Cafwyd cyngerdd yr hwyr – dim neillduol yn hwnnw.

Sunday März 2

I'r gwasanaeth Sgotaidd. Yr oedd y caplan yn sôn gormod o
lawer am ogoniant y Scots Guards ac fe ddywedodd un neu

ddau o bethau anghyson iawn am y 'gydwybod'.

Heno euthum efo G. R. Jones a Coombs i'r Eglwys Lutheraidd sydd yn ymyl y Rhine.

W.O. Jones dies of the flu.

Monday März 3

This company marched to Neumarket this morning for duties in the town – viz Guards and patrols. The Platoon was allowed out this afternoon and G. R. Jones and myself went for a ride to Bonn – returned to the Y.M.C.A Cologne where the Band of the R.G.A was playing.

Tuesday März 4

'Ac efe a ddaeth rhwng llu'r Aiphtiaid a llu Israel ac yr oedd yn gwmwl ac yn dywyllwch i'r Aiphtiaid ac yn goleuo'r nos i Israel.'

Genesis 14: 20

Before the war the Rate of Exchange was £1 = 17 marks / Today it is £1 = 52

Mynd yn ôl at y batt(*aliwn*) bore heddyw.

Wednesday März 5

Rhaid i mi ddweyd gair bach yn dy glust – yr hen ddyddiadur.

Yr wyf yn awr yn brysur yn pacio i fyny i fynd yn ôl i 'hen wlad y menyg gwynion'. Bydd y 1st Welsh Guards yn ymadael oddi yma efo'r dydd bore yfory.

Thursday März 6

Gadael Cologne yn sain 'Take me back to dear old Blighty'

Treulio'r nos yn y trwc efo the Platoon; a mynd yn sâl. Cysgu yn anesmwyth â'm pen yn gorphwys ar forddwyd Lunn y barbwr.

207

Friday März 7

Treulio dydd Gwener yn y trwc. Y trên yn mynd yn weddol gyson. Minnau yn well. Pasio unwaith etto (am y tro olaf, gobeithio) drwy faes erchyll y gyflafan fawr.

Saturday März 8

Cyrhaedd Dunkerque yn oriau cynnar y bore a gadael y trwc oddeutu naw. Cael bath hyfryd a dillad newydd glân i aros tra byddwn yma.

Y babell ar y tywod.

Sunday März 9

Heddyw buom yn drilio o 9.30a.m. tan 11a.m. ac o 11.30a.m. tan 12.00p.m.

Y prydnawn bûm yn lliwio ein harfogaeth.

Yr wyf yn awr yn y G.M.C.C. am ychydig funudau.

Monday März 10

Getting 'fed up' with the 'dunes of Dunkerque'. My regrets at leaving this country will be few and feeble.

I was on picquet today. Nothing of importance happened here.

Roll on demobilisation!

Tuesday März 11

I am now on board the 'North Western Miller' – and she is pulling off the shores of Dunkerque. I well remember the morning of Feb 5th 1918 when I woke up on board the 'King Edward Vll' and found myself tied to the blood soaked soil of France. I prayed then that I should have the Loving Companionship of the Master with me all the time I would be in France and I am glad to acknowledge this moment that I was never once left alone to myself.

Wednesday März 12

Left the boat about 2.30p.m. Entrained at Tilbury for Barnes Stn. The roads from the station to the camp gates were lined black with spectators welcoming us back. Col. Murray Threipland read us a message from H.M. King George after which we had a sumptuous dinner in the camp laid out on snow white tablecloths.

Thurs März 13

Mynd i 80, Sloane Avenue prydnawn. Mr Eddie Humphreys Machynlleth yno. Heno, aethom i Gapel Falmouth Rd i Gyngherdd Mawreddog. Dr Caradog Roberts wrth yr organ a Mr David Ellis a Miss Annie Rees a Chôr Merched Falmouth Rd yn canu. Y Cadeirydd oedd Richard Morris Ysw.

Dychwel yn ôl i'r gwersyll.

Friday März 14

Mi elwais heno efo Miss Jones yn 4 Erconwald St.

Saturday März 15

Prydnawn heddyw bûm yn 20 Woodville Rd, yn gweled Mr a Mrs Jenkins.

Aeth Emlyn Jones a minnau heno i weled 'Tails Up' yn Piccadilly.

Sunday März 16

Bûm yng Nghapel Hammersmith bore heddyw, ac yn bwriadu mynd i Shirland Rd heno. Yr wyf yn awr yn Shep's. Bush.

Monday März 17

Wel dyma gychwyn – ar Ddydd St Patrick. Ymadael o Barnes am 7.30a.m. a chyrhaedd Wellington Barracks. Cael ein gyrru oddi yno i Prees Heath a chyrraedd y fro ddigalon honno oddeutu 9 y nos.

Tuesday März 18

Euthum drwy aneirif ddwylaw neithiwr, ac erbyn oddeutu 12 y nos ystyriwn fy hun yn haner milwr ac yn haner dineswr. Yn ddamweiniol cyfarfyddais Tom Jarvis Maes Medrisial, yntau hefyd yn cael ei rydd-had. Cefais y papurau oddeutu 7 a chyrhaeddais Gaersws oddeutu 2 y bore.

Wednesday März 19

Pan gyrhaeddais adref ddoe yr oedd fy nhad yn y gwely mewn gofid ddarfod iddo roi Rhydycarw i fyny, yr hyn a wnaeth nos Iau diwethaf.

Prydnawn heddyw cefais gic gan geffyl a rhowd fi yn y gwely.

Thurs März 20

Arwerthiant mawr yn y Glyn.

Hugh yn dod heibio ac yn mynd yno efo Dada.

Dr Owen yn galw yma prydnawn heddyw.

Friday Marz 21

Sale at Caersws. Father buys 11 cattle.

E. M. Jones Tynwtra yn galw ac yn dod ag ail gyfrol *Les Miserables* i mi.

Saturday März 22

Fair at Llanidloes. Bought 8 cattle.

Today the regiments of the Guards made their triumphal march through London.

Sunday März 23

Dr Owen yn galw etto heddyw ac yn dod â Hugh adref yr hwn anafodd ei hun neithiwr wrth fynd adref o'r dref ar gefn y ferlen.

'Fe ymhyfrydaist yn dy waith
Ymdrechaist ddringo bryniau dysg
Cest aml flodyn ar dy daith
Cest ambell ddraenen yn eu mysg.'

Tom Roberts MA

Monday März 24

Neithiwr bu Richard Rowlands Penygraig yma am oriau a buom yn sgwrsio, ymhlith pethau eraill, am Etholiad y Cyngor Sir a gymerodd le ar Fawrth 6ed pryd yr aeth Mr Charles Davies i mewn gyda 39 o fwyafrif yn erbyn Mr Tom Bennett.

Dada a Hugh yn mynd i fyny i Nantyrhafod.

Tuesday März 25

Wel dyma'r pumed ar hugain – bwysig ddydd. Dada yn penblethu ddarfod iddo roi Rhydycarw i fyny.

'The greatest efforts of the race have always been traceable to the love of praise, as its greatest catastrophes to the love of pleasure.'

Political Economy of Art, *p.12 by John Ruskin*

Wednesday März 26

Father goes to Minllyn, Sallie to the Scafell.

W. Bowen received notice to quit on Mch 25 1920.

Death of Mr Davies Jones JP (Neuadd) 5.30a.m. March 27th

Thursday März 27

The Dr calls and paints my face with iodine, also Miss Vaughan Owen and Bennett, who brought me a pile of books.

Miss Savage Llwyncelyn is here.

Friday März 28

Nid wyf yn cwyno ar brinder ymwelwyr. Heno, bu Edward Lloyd Cefnbarrach a Mr D. M. Jones Roefach yn edrych amdanaf. Fe arhosodd David tan oddeutu hanner awr wedi un y bore.

Saturday März 29

'Cadwodd ei lygaid arnaf heb eu cau, y rhai oeddynt yn hynod ddisglaer – fel dwy lamp ar ei ffordd i dywyllwch ei anobaith, ac oeddynt, fel y tybiwn i gael eu rhoi allan yn fuan wedi iddo ef fyned heibio.'

Rhys Lewis, *tud. 424*

Dada a M.P yn mynd i'r dref.

Sunday März 30

Eira go fawr – gwartheg allan ynddo.

'That God which ever lives and loves
One God, one law one element,
And one far off divine event
To which the whole creation moves.'

Tennyson

Monday März 31

'It is the type of an eternal truth – that the soul's armour is never well set to the heart unless a woman's hand has braced it; and it is only when she braces it loosely that the honour of manhood fails.

'... So there is in the human heart an inextinguishable instinct, the love of power, which, rightly directed maintains all the majesty of law and life, and mis-directed wrecks them.'

John Ruskin in a lecture on 'Queens Gardens'

212

Tuesday April 1

Claddedigaeth Mr David Jones YH Neuadd yn Llawryglyn.

Mr D. J. Davies o Lundain yn dod trosodd. Cyrhaeddodd i Rydycarw oddeutu canol dydd.

Wednesday April 2

Amryw ymwelwyr. Yn eu plith gyfreithiwr a theiliwr.

Thursday April 3

Ysgrifennu 'Profiad Milwr yn y Rhyfel' i ddifyrru fy hun.

Dechrau mynd o gwmpas ar ffyn maglau.

Friday April 4

'Ambition clad in humility
'Tis a common proof
That lowliness is young Ambition's ladder
Whereto the climber upwards turns his face
But when he once attains the utmost round
He then unto the ladder turns his back
Looks in the clouds, scorning the base degrees
By which he did ascend.'

Shakespeare

Saturday April 5

Mr David J. Davies yn dychwelyd adref

Fy mhenglin yn gwella yn raddol.

'In the simplest and clearest definition of it, economy, whether
public or private, means the wise management of labour'

John Ruskin in a lecture on 'Political Economy'

Sunday April 6

*'Y dydd hwnnw y codaf babell Dafydd, yr hon a syrthiodd ac a
gauaf ei bylchau, ac a godaf ei hadwyau, ac a'i hadeiladaf fel yn y
dyddiau gynt.'*

Amos 9: 11

Monday April 7

Hugh yn dod i lawr. Dada ac yntau yn mynd i'r Scafell i ymofyn
defaid.

Tuesday April 8

Dada yn gofidio gryn lawer o hyd ei fod wedi gollwng
Rhydycarw.

Mr Jerman a'i Fab Glanwydden yma yn troi.

Wednesday April 9

Miss Bennett Owen Miss Vaughan Owen here this
afternoon.

Mynd mor bell â Phenygwaen heddyw am dro.

Thursday April 10

Bu Miss Gertie, Elsie a Mr Leonard Lloyd yma prydnawn.

'Hedd Wyn'

*'Llednais oedd fel llwydnos haf – llariaidd iawn
    Fel lloer ddwys Gorphenaf
    O'r addfwyn yr addfwynaf
    Ac o'r gwŷr y gorau gaf.'*

Mr Williams Parry

David C. Pugh yn dechrau.

Friday April 11

> *'Ei wlad ni chadd ei ludw – ond yn Ffrainc*
> *Dan ei phridd mae 'nghadw;*
> *Ei gerddi teg roddo'u tir*
> *Dros fyfyriwr fu farw.'*
>
> Williams Parry

Lumley Roderick yn dod yma.

Saturday April 12

> *'Eifionydd a fu inni – 'n baradwys*
> *O barwydydd trefi*
> *O na bae modd im roddi*
> *Dy lwch yn ei heddwch hi.*
>
> *'Fe ddaw'r claf o'i ystafell – hyd y maes*
> *Ond y mae un di-ddichell*
> *Na edy gam, er ei gymell*
> *Dros y môr o dir sy' 'mhell.'*
>
> Williams Parry

Sunday April 13

Yr oedd y Parch. John Williams Carno yn pregethu yn Gleiniant heddyw ond ni fûm yno gan fy nghoes. Dr Owen yn galw.

Monday April 14

Lumley yn troi yn ôl. Yr oeddem yn meddwl am ddyrnu, ond trodd yn <u>ormod o dywydd</u>. Dyma englyn y bardd a gollodd ei Elin:

> *'Mae cystudd 'n rhy brudd i'm bron – 'rhyd f'wyneb*
> *Rhed afonydd heilltion.*
> *Collais Elin, lin hirion*
> *Fy ngeneth oleubleth lon.'*

Tuesday April 15

Dyrnu heddyw. Cawodydd trymion.

Tipyn o wrthryfel yn India.

*'The margin by which the German onrush in 1914 was stemmed
was so narrow and the subsequent struggle so severe that the
word 'miraculous' is hardly too strong a term to describe the
recovery and ultimate victory of the Allies.'*

Sir D. Haig's final dispatch

Wednesday April 16

Priodas Miss Evans Tŷ Newydd a Mr Francis Tynwtra yn
Llawryglyn.

Thursday April 17

Sale at Cefnbarhedyn.

*'The launching and destruction of Napoleon's last reserves at
Waterloo was a matter of minutes. In this world was the great
sortie of the beleaguered German armies commenced on March
21 1918 lasted for four months, yet it represents a corresponding
stage in a single colossal battle.'*

Sir Douglas Haig's final dispatch

Friday April 18

Dydd Gwener y Groglith – ac Eisteddfod y Bont.

Eisteddfod ragorol ryfeddol. Yr oedd yn gyfnewidiad
godidog oddiwrth bwys a gwres y gorphenol.

Enillais y wobr 1af am draethawd 'Gograir y Cenhedloedd'
ac 2il am 'Brofiad Milwr'.

D. Pugh yn gorphen.

Saturday April 19

'Only by the rifle and bayonet of the infantry man, can the decisive victory be won.'

Sir D. Haig's final dispatch

Dod i lawr yn ôl.

Sunday April 20
Sabath hyfryd. Minnau yn Rhydycarw.

Monday April 21
The German delegates will arrive at Versailles next Friday April 25th and there receive the peace terms.

The terms will be communicated to the world after 6 o clock on the morning of April 26th 1919.

Tuesday April 22
The Council of Four (the Big Four) in connection with the Peace Conference which decides finally on all great questions consists of: President Wilson; Mr Lloyd George; M. Clemenceau; Signor Orlando.

Wednesday April 23
Heddyw euthum i Garno i Briodas Miss Gwladys Richards a Mr Herbert Humphries. Ar ôl y gwasanaeth buom yn Tuhwntirafon yn cael brecwast y briodas. Ar ôl hwnnw deuthum i Aberystwyth i weled Mr N. Evans y meddyg.

Thursday 24
Credaf fod fy mhenglin yn well yn barod. Cymeriad dyddorol yw Mr Evans. Ysbrydegiaeth yw ei grefydd, a lliniaru poen yw ei brif amcan. Cyffelyba ei hun i'r Iesu mewn iacháu, a sonia am yr Iesu fel pe bai yn siarad am ei frawd-yng-nghyfraith.

Lletyaf yn 59, North Parade.

Friday April 25

Today's papers say that:

> *Signor Orlando left Paris yesterday to consult the Italian*
> *Parliament on President Wilson's appeal, which was issued*
> *yesterday. A treaty was signed in 1915 by Britain and France*
> *promising Italy territory in the Adriatic and Fiume. President*
> *Wilson appealed to Italy to give up Fiume for the South Slavs*
> *but Italy's answer is an emphatic refusal.*

Saturday April 26

Bore heddyw cychwyn i Dolfor ac aros yno. Heno bûm ar ymweliad â'r Parch. a Mrs Thomas yn y Ficerdy.

Yr wythnos nesaf cynhelir Cyf. Pregethu Canmlwyddiant Pregeth Fawr Michael Roberts yn Llanidloes.

> *'Nid trwy floedd a geiriau gweigion.*
> *Y cyrhaeddodd y fath radd;*
> *Nid oes niwed mewn taranau*
> *Y mellt distaw sydd yn lladd*
> *Yr oedd sŵn ei ddoniau esmwyth*
> *Fel awelon rhwng y dail*
> *Medrai ysgwyd teimlad plentyn*
> *A'i gydwybod bob yn ail.'*
>
> Emrys, 'Marwnad Michael Roberts'

Sunday April 27

Ysgol Sul y prydnawn yn Dolfor.

> *'Heb loes, fry ar groes fawr gref – i ni oll*
> *Ni ellid cael tangnef*
> *Na gweddus fodd i'w goddef,*
> *Na byw dyn, heb ei waed Ef'*

'Drwy'r newyn draw a'r niwaid – at yr Iawn
  Tro unwaith dy lygaid.
  Yno y ffoi – O! na phaid
  I brynu bara enaid.'

R ap G Ddu

Bûm heno yng nghapel Llanafan. Yr oedd Mr Owen o Benllwyn yn pregethu yno.

Monday April 28

Gadael Dolfor – yn ôl i Aberystwyth. Da oedd gennyf weled y teulu mewn cystal hoen ac iechyd.

Diwrnod marchnad yn y dref.

Tuesday April 29

Cael cinio efo J Lumley Roderick a'i gyfaill, Gwilym Rees.

'Rhoes ei geiniog brin at godi'r coleg
Rhoes ei galon drom i ŵr y Groes
Heulwen deufyn ar ei galon wladaidd
Dyfodd flodau'r deufyd yn ei oes

'Neithiwr rhoes ei gryman ar y pared
Ni ddaw mwyach dros ei grinllwyd lain
I fraenaru gwedd ei dir caregog
Ac i hau ei ŷd yng nghartre'r drain.'

W. J. Gruffydd MA

Wednesday April 30

Gadael Aberystwyth; ar ôl mynd yn bur anesmwyth yno.

Mae fy nghoes lawer iawn gwell a chefais lawer o fwyniant ar fy ngŵyl. Dywedwyd pethau dyddorol wrthyf heddyw gan Mr a Mrs Evans.

Y dyddiau hyn, cynhelir Cymanfa Pregethu yn Llanidloes i ddathlu canmlwyddiant Pregeth Fawr Michael Roberts Ebrill 29 1819.

Y pregethwyr ydynt: Parch. J. Puleston Jones MA, Llanfair, Parch. D. S. Owen Llundain, J. H. Howard Colwyn Bay a'r Prof. David Williams MA, Aberystwyth.

Pregethwyd ar yr heol nos Fawrth, a chynhaliwyd cyfarfodydd Saesneg nos Fercher. Bore Dydd Iau pregethwyd yn China St. gan Parch. Puleston Jones ac yn Bethel St. gan y Parch. J. H. Howard.

Prydnawn yn China St. gan Parch. D. S. Owen a J. H. Howard – 'A minnau, os dyrchefir fi oddi ar y ddaear' oedd testun Mr Owen, ac 'Iesu Grist, ddoe, heddyw ac yn dragywydd' oedd testun J. H. Howard.

Yr hwyr pregethwyd gan D. S. Owen oddi ar Ioan 15:14 a'r Prof. D. Wms oddi ar Esiah 32 Adn 2 'a gŵr fydd megis ymguddfa rhag y gwynt'

Pregethwyd yn Bethel St. (yn Saesneg) gan Prof. D. Williams y prydnawn a Parch. J. H. Howard a Puleston Jones yr hwyr.

Dyna hanes y cyfarfodydd.

Thursday Mai 1

Deuais i fyny o Gaersws bore heddyw ac aeth Sallie a minnau i Lanidloes.

Prif bwnc y Parch. D. S. Owen prydnawn heddyw oedd atdyniad Iesu Grist – Ysbryd Crist wedi goresgyn ei holl ofnau ac yn tynnu pawb atto'i Hun. 1. Natur yr atdyniad; 2. Cylch yr atdyniad; 3. Cyfeiriad yr atdyniad a 4. Amod yr atdyniad.

Y ddynoliaeth yn un yn y bôn. Dyrchafiad Iesu Grist yn troi yn ddyrchafiad i bawb arall.

Friday Mai 2

Priodas Miss S. Jones, Roefach a Mr Tom Francis, Trewythen.

David Jones yn dod i Rydycarw y prydnawn am dro. Dywedodd ei fod ef yn mwynhau heddyw hefyd ar ôl ddoe. Buom yn sgwrsio am oriau.

Saturday Mai 3

'Y Bugail Da'
'Liw nos yng nghorlan Iesu – nid ofnaf
Holl lid dwfn y fagddu;
Bloedded torf y bleiddiaid du – gylch y ddor,
O fewn ei gynnor caf finnau ganu.'

J. Machreth Rees

Symud heddyw i'r Ysgafell – dim ond Sallie a mi a Kate Mills a'i merch.

Sunday Mai 4

Mynd i Gapel bach Wesle Plastrawed heno efo Edgar Lewis.

'Eithr fel y gwypoch fod gan Fab y Dyn awdurdod i faddau pechodau ar y ddaear.'

Monday Mai 5

'Y cloion a'r clymau cadarnaf
Ddatodant fel dyfroedd yn awr
Y temlau a'r tyrau uchelfrig
Ysgwydir yn gandryll i'r llawr.
Ond ped ai yn deilchion i'r dyfnder
O'i chylchoedd y belen rwy'n byw
Ymollwng ar ddamchwa dragwyddol
Nid ysgog cyfamod fy Nuw.'

Huw Derfel

Tuesday Mai 6

Dada, Sam, Ernie a Neister yn dod i lawr ac yn dod ag amryw o bethau gyda hwynt megis ieir, buchod.

Fy nhad yn gofidio yn drwm.

Wednesday Mai 7

Dod â defaid i fyny o Ysgafell ac erbyn cyrraedd Rhydycarw gwelwn y 'traction' yn dod i fyny yr wtra yn symud ein heiddo o'n hen gartref annwyl. Erbyn mynd i'r tŷ yr oedd hwnnw yn wag a bum innau drwy bob ystafell ohono a gwyleidd-dra dwys yn ymdaenu dros fy ysbryd. Bûm yn llofft fach lle y cysgwn yn blentyn diniwed ac yn yr ystafell y bu farw fy mam. Dyma yr hen dŷ y cawsom ein magu ynddo; dyma ni wedi ei adael ac wedi clirio ohono ond y mae ein serch tuag atto yn gryf ac yn anorchfygol.

Darn o bapur o law fy nhad yn achosi'r holl flinder hwn i gyd; O Dduw, am rywbeth nad ellir byth ei syflyd.

Deuais â'r defaid yn eu blaen i Nantyrhafod.

Thursday Mai 8

Ofer i mi geisio adrodd helynt neithiwr. Cychwynais ac eis i Maesmedrisial, yno gadewais y ferlen, a daeth Tom gyda mi ar gefn dau o'u ceffylau hwy a bu Tom a minnau am dro – ond tro go fyrr oedd fy nhro i.

Teimlo'n ddigalon a diobaith.

Friday Mai 9

Gadael Rhydycarw.

Dod i lawr a heibio Tynwtra. Yno, tynasom allan gynllun ar gyfer dringo Pumlumon ar Fehefin 18 a phenderfynasom gael swper yn y Graig.

Erbyn cyrraedd Rhydycarw, dyma'r gofid gwaethaf – Hugh wedi briwio ei law ac mewn llewyg ar ôl llewyg.

Saturday Mai 10

Ffair Galan Mai Llanidloes. Sam ac Ernie yn ymadael. Sallie yn mynd i'r dref.

Dyma ni wedi dechrau setlo i lawr yn Ysgafell. Mae fy

nhad yn boenus o bryderus ac mewn gofid mawr. Buom yn Rhydycarw am 16 o flynyddoedd.

Sunday Mai 11

Mynd i Gapel MC Drefnewydd. Y Parch D. Hughes, Llanbrynmair yn pregethu yno y bore. Ei destun oedd Eseia 45: 3

Hwyr Hebreaid 6: 14

Monday Mai 12

'In Memoriam'

Lt. Tom Roberts MA, Lt. T. D. Wms BA, Cpl. J. R. Joseph BA.

> *'O'u meddiant ac o'u moddion – ac o'u dysg*
> *Y'u diosgwyd weithion*
> *Y ddaear brudd ar eu bron*
> *Gloes eiriau'r hen glasuron.'*
>
> *R. Wms Parry*

Mostyn yn gweithio yma heddyw

Tuesday Mai 13

> *'O'u di-allu dywyllwch – ni welant*
> *Na haul na hawddgarwch:*
> *Na'r sêr yn eu tynerwch,*
> *Na llewyrch lloer uwch eu llwch.*
>
> *'Na rhywle y môr helaeth – na'i glywed*
> *Ar greigleoedd diffaith*
> *Na rhodio tro hyd y traeth*
> *Na'u llanw o hedd llenyddiaeth.'*
>
> *R. Wms Parry,* Welsh Outlook, *Ebrill*

Wednesday Mai 14

Myned ar siwrnai ddiffaith
  Y dydd yn boeth enbyd.
  Yr Almaenwyr yn ocheneidio dan bwys y telerau Heddwch.

Thursday Mai 15

Dod i lawr drachefn i Aberystwyth. Taro ar R. Eiddon Jones a
Trefor O. Davies. Ein tri yn mynd i wrando Maldwyn Pugh yn
traddodi ei bregeth brawf yng nghapel y Wesleaid. Taro ar Miss
N. Bennett.

Friday Mai 16

Treulio y rhan fwyaf o'r bore yng nghwmni Maldwyn Pugh
Corris yr hwn oedd gyda mi yn y Fyddin.

'Hwyliais a moriais y môr heli – mynwent yw'r
  Man rwyf yn angori
  'Rôl gofal dyfnach – mewn tywod
  Wyf fi yma'n tewi.'

Mewn mynwent yn Aberystwyth

Saturday Mai 17

'The Day'

'The Day came – May 8 1919 and to the representatives of
defeated Germany was handed by the Allies not the token of
World Dominion which they strove – but the Book of Her
Humiliation – the terms of the "Second Treaty of Versailles".'

Public Opinion May 16th 1919

Sunday Mai 18

Heno mynd i Gapel Siloh – y Parch. T. E. Rbts yn pregethu

ar nodweddion y Cristnogion boreol. Cynulleidfa ragorol. Gwasanaeth ardderchog.

Monday Mai 19

Dygwyd gweddillion Nurse Cavell adref yr wythnos diwethaf wedi iddynt fod yn gorwedd am dair blynedd yn naear Belgium. Cynhaliwyd gwasanaeth yn Westminster Abbey a chladdwyd hi yn Norwich. Bydd ei hanes yn un o ramantau mwyaf y Rhyfel Mawr i gyd.

Cyfarfod Miss A. Ll. R yn y man apwyntiedig – tu allan i orsaf y G.W.R. Prydnawn difyrrus.

Tuesday Mai 20

Troi yn ôl adref etto. Gadael Aberystwyth ganol dydd. Daeth Miss N. Bennett a Miss Davies i'r orsaf i'm gweled yn mynd. Diwrnod marchnad yn Drefnewydd.

Wednesday Mai 21

Dod i fyny heibio Trewythen. David Rees yn dod gyda mi i ymofyn y ferlen i lawr a'i 'pholes.

Cael pwyllgor heno yn Dolbacho i wneud paratoadau ar gyfer Neithior Heddwch.

Thursday Mai 22

Tocio defaid y mynydd yn Nantyrhafod a thynnu meherin. Abram Brown yn ein helpu.

Friday Mai 23

Sale at Caersws – I go down.

> *'If I were hanged on the highest hill*
> *I know whose love would follow me still.*
> *If I were drowned in the deepest sea*
> *I know whose tears would come to me*

If I were damned in body and soul
I know whose prayer would make me whole –
Mother o' mine! Mother o' mine!'

Rudyard Kipling

Saturday Mai 24

Ffair yn Llanidloes.

Hugh yn cwympo oddi ar y ferlen ar y Bont Hir ac yn anafu ei droed. Cafodd ei anfon i lawr i Ysgafell ar y trap. Minnau yn dod i fyny

Prynu 15 o lydnod am 39/- = £29-5

Sunday Mai 25

Yn y Graig. Y Parch. J. Madryn Jones yn pregethu. Ei destun yr hwyr oedd Heb. 11: 4. Ffydd Abel yn rhagori ar ffydd Cain.

Mae cryn lawer o gyfnewidiad yn y Graig er pan oeddwn i yma – cyn i mi fynd i'r Fyddin. D. M. Wigley a John Pugh wedi marw a Maurice Jones wedi symud i Glandulas heblaw amryw eraill.

Monday Mai 26

'On the morning of the Armistice, two British cavalry divisions
were on the march east of the Scheldt and before the orders to
stop reached them they had already gained a line ten miles in
front of our infantry outposts. There is no doubt that, had the
advance of the cavalry been allowed to continue, the enemy's
disorganised retreat would have been turned into a rout.'

Sir Douglas Haig's final dispatch

Tuesday Mai 27

Y tywydd yn boeth grasboeth. Ffair yn Drefnewydd.

Dada yn dod i fyny.

Wednesday Mai 28

Dim neillduol o gwbl – am wn i.

R. Lloyd yn mynd i Lan'Mair i ymofyn glo.

Thursday Mai 29

Y dyddiau hyn mae amser yr Almaen i fyny i wrthod neu i dderbyn y telerau Heddwch. Mae'n debyg fod y telerau yn rhai caled – mae'r Ellmynwyr yn protestio yn gryf yn eu herbyn.

Friday Mai 30

Ed Edwards K.C.V.O. yma'n torri'r wyn ac ar ebol blwydd.

R. Lloyd adref ddoe heddyw ac yfory yn torri ei fawn.

Saturday Mai 31

Mai yn mynd allan – y tywydd yn para yn boeth ryfeddol.

Sunday Juni 1

'Canys mi a draddodais i chwi ar y cyntaf, yr hyn hefyd a dderbyniais, farw o Grist dros ein pechodau ni yn ôl yr Ysgrythurau.'

1 Cor. 15: 3

Myfyriwr o'r Coleg yn pregethu yn y Graig a phregethwr rhagorol iawn. Mr Williams oedd ei enw.

Monday Juni 2

Dechrau torri mawn.

Tuesday Juni 3

Claddu Mr Jarman Tŷ Isaf Llan'Mair.

Dada yn dod i fyny – mor drallodus ei feddwl ag erioed.

Wednesday Juni 4

Cawod o wlaw bore heddyw ond dim arwyddion o dywalltiad.
Pwyllgor heno yn Tynwtra.

Thursday Juni 5

Rhent Syr Watcyn.
Mynd i Bugeilyn i nôl defaid. Swclyn bach yn dod heno.
Tom Jervis, Maesmedrisial yn cysgu yma heno.

Friday Juni 6

> *'But most men and women today are like beasts caught in a
> tunnel; they follow base occupations, they trade and ponder and
> dispute; there is no peace in their hearts; they gratify their lusts
> and seek excitements; they know they spend their lives in vain
> and they have no means of escape.'*
>
> Mr H. G. Wells in The Undying Fire

Saturday Juni 7

R. Lloyd yn mynd i'r dref a 10 cwt o datws. 6/6 = £3-5 i D. T.
Wyn

Sunday Juni 8

Mr Evan J. Jones Penegoes yn pregethu yn y Graig. Ei destun y
bore Luc 24 ben 49 – 'aros yn Jerusalem' am mai Jerusalem oedd
1; Dinas y deml; 2: Dinas Calfaria; 3: Dinas y Bedd Gwag.

> *'Y rhai hefyd a ddywedasant, 'chwi wŷr o Galilea, paham y sefwch
> yn edrych tua'r nef? Yr Iesu hwn, yr hwn a gymerwyd i fyny oddi
> wrthych i'r nef a ddaw felly yn yr un modd ag y gwelsoch ef yn
> mynd i'r nef'*
>
> Actau 1: 11

228

Monday Juni 9

'The impoverishment of Germany can never add to the riches of England. In order to have England and France as rich as they can be made, Germany must be rich too. Human prosperity is one and indivisable.'

Lord Hugh Cecil on the Peace Terms.

Tuesday Juni 10

Cneifio defaid Peraiddfynydd.

Wednesday Juni 11

Cyfarfod pregethu Staylittle. Y Parch. D. R. Owen Llangollen yn pregethu heno oddi ar Luc 23 – y tair croes – 1; y groes gyntaf – Buddugoliaeth Pechod; 2 yr ail groes – Buddugoliaeth Ffydd; y drydedd groes – Buddugoliaeth Cyflawnder Bywyd.

Y Parch. H. James Cwm – 'Bodloni Duw'.

Thursday Juni 12

Heno Parch. O. R. Owen yn pregethu oddi ar Datguddiad pen 1 adn 17-18. 'Myfi yw y cyntaf a'r diwethaf.' Samuel a wasanaethodd yr Arglwydd gerbron Eli – Problem y bachgen. Y bachgen Samuel yn cael ei anfon dros y drws am byth yn saith oed. Ei oruchwylion yn y tabernacl yn ei ddysgu – prydlondeb, glendid, geirwiredd – angen mawr yr oes – angen dynion: dynion bia'r benarglwyddiaeth – eisiau dynion cryfion y dyddiau hyn.

Friday Juni 13

Dod i lawr heddyw i Sgafell. Gwlaw mawr iawn ddoe. Codi'n sych etto heno. Y Parch. W. R. Williams yn galw heddyw.

Saturday Juni 14

'I have seen Him in the watchfires of a hundred camps,
They have builded Him an altar in the evening dews and damps,
I have read His righteous sentence by the dim and flaring lamps,
His day is marching on.'

The Battlesong of the American Republic

Sunday Juni 15

Drefnewydd – Y Parch. Enoch Anwyl Adfa

Bore: Mathew 26: 40-41adn

Hwyr: Luc 22: 44adn

Bûm yn yr Ysgol heddyw – y cwestiwn neu un o'r cwestiynnau gerbron ydoedd: Ordeiniad y nefoedd i Judas fradychu'r Gwaredwr, a chyfrifoldeb Judas am y weithred.

Monday Juni 16

'We want the League because we want peace. Not only because
peace is the greatest of British interests but because peace is the
dearest wish of all who love humanity and believe in God'

Lord Robert Cecil in a historic speech
in the Albert Hall on June 13th 1919

Tuesday Juni 17

Yesterday the Germans were told that they were to sign the Peace Treaty before 6p.m. on Saturday June 21st – or the armistice of November 11th 1918 would be regarded by the Allies at an end

Went to Newtown. Made a claim for insurance for Hugh's accident per W. O. Jones, Pwllcoch, Abermule.

Wednesday Juni 18

Y deunawfed o Fehefin – noson Gŵyl Pumlumon.

Cynhaliwyd swper godidog yn y Graig. Y Parch. J. Wallace Thomas yn llywyddu. Ar ôl y swper cychwynasom yn dyrfa mewn cerbydau i Gwmbiga, ac oddi yno ar droed i Ben Pumlumon gan gyrraedd yno tua tri o'r gloch y bore. Tynhaodd y niwl amdanom ac ni welsom ddim o'r haul, na dim golygfa. Dychwelasom yn ôl i Gwmbiga ac oddi yno i'r Graig; cawsom frecwast ardderchog yno cyn ymwahanu.

Thursday Juni 19

Daeth y gwlaw heddyw gyda fod Mr Henry Rees, Mr Trefor O. Davies a minnau wedi cyrraedd Nantyrhafod. Bûm yn y gwely yno am ychydig oriau ac yna dychwelais yn ôl i'r Ysgafell heno.

Dada wedi dod adref o Landrindod.

Friday Juni 20

Ffair yn Caersws.

Masnach ddim yn gyflym.

Saturday Juni 21

Ffair yn Llanidloes. Fy nhad yn para yn bur wael ei feddwl, ac yn bur lesg ei iechyd. Mae fy nghalon yn cydymdeimlo yn ddwfn iawn ag ef.

Signing Peace Treaty postponed until Thursday 26th

Sunday Juni 22

Y Parch. W. R. Owen, Trefeglwys yn pregethu yn Drefnewydd.

Monday Juni 23

'Felly y dywedaf finnau mae y gallu anfeidrol sydd wedi creu un sant o ganol tryblith pechod yn ddigon cryf i lunio nefoedd newydd a daear newydd yn y rhai y bydd cyfiawnder yn preswylio.'

Y Parch. John Williams DD, Brynsiencyn
yn Seiat Fawr y Sulgwyn yn Lerpwl

Tuesday Juni 24

Ffair yn Drefnewydd.

Gwelais Mr Bowen a derbyniais y rhent ganddo am Minllyn.

Wednesday Juni 25

Shearing at Nantyrhafod.

Signing of peace postponed until Saturday.

Thursday Juni 26

'The ceremony of signing the preliminaries of peace will probably open in the Hall of Mirrors of the Chateau of Versailles at 2 o clock on Saturday afternoon, and will last about an hour.'

Daily Chronicle, *June 26th*

Most of the delegates and M Clemenceau among them have had to buy seals for this great occasion. M. Clemenceau has chosen for his design, not a tiger but an owl, the bird, as they say, 'that sees in the darkness'.

Daily Chronicle, *June 26th*

David comes home on leave.

Friday Juni 27

Fields very dry.

Crops failing everywhere.

Prospects seriously poor.

Saturday Juni 28

The greatest event of this age – Signing of Peace.

The two German signatories were Herr Mueller (Minister for Foreign Affairs) and Dr Bell (Minister of Railways). Mr Lloyd George was the chief British representative, M.

Clemenceau the French and President Wilson the American. The signing took place at 3.12p.m.

Sunday Juni 29

Yn nhŷ W. G. Stephen Jones yn cael te.

Yn yr Ysgol Sul – bûm gyda dosbarth Mr Lloyd Roberts ac yn darllen am broffwydoliaeth y Proffwyd Joel yn Actau 2ben.

Parch. Christmas Jones yn pregethu. Mr J. Lumley Roderick a D. Ifor Davies yn aros yma dros y Sul.

Monday Juni 30

Dechrau torri gwair.

Cnydiau ysgafn y tywydd yn sych ond yn ddi-olwg.

	Important dates
	1914
August 1	Germany declares war on Russia
" " 3	" France
" " 4	Great Britain declares war on Germany
	1915
May 23	Italy declares war on Austria
	1917
March 12	Russian Revolution
April 3	America declares war on Germany
	1918
March 2	Russo-German Peace at Brest
Sept 30	Bulgaria surrenders
Oct 31	Turkey Surrenders
Nov 3	Kaiser abdicates
Nov 11th	Germany signs Armistice and hostilities cease
	1919
January 18th	Peace Conference opens in Paris
June 28th	Peace signed with Germany

Tuesday Juli 1

Dydd Mawrth – Dydd Mercher Drefnewydd. Llawer iawn o gerbydau yn pasio ar hyd y ffordd yma, nid wyf yn adnabod nemawr neb o'r rhai sydd ynddynt.

Wednesday Juli 2

Dim neillduol iawn.

Dafydd yn mynd yn ôl efo'r trên wyth bore heddyw i'r Iwerddon a Miss Jennie Jones yn dod yma heno.

Thursday Juli 3

Gwlawio weithiau.

Friday Juli 4

'And never breathe a word about your loss
You would be a man – my son.'

Kipling

Saturday Juli 5

Miss Jones returns.

Paid D. H. Rees 10/- (wages)

Sunday Juli 6

Drefnewydd Parch. T. R. Roberts, Aberystwyth.

Bore: Crist yn gonglfaen ac yn sylfaen.

Crist yn gonglfaen pob adeiladwaith o ddwyfol drefniad.

Yr ynfydrwydd o wrthod y maen.

Crist fel Iachawdwr.

Hwyr: amseroedd i orphwys o olwg y byd.

Clywed heddyw fod Nantyrhafod i gael ei gwerthu yn fuan.

Monday Juli 7

Dod i fyny heddyw at gneifio.

'Our repentance need be repented of, and our best tears washed in the blood of the Lamb.'

George Whitfield

Tuesday Juli 8

Cneifio yn Llwynygog.

Llawer o gyfnewidiad.

Llawer sôn am werthiant rhan o ystad Syr Watcyn.

Wednesday Juli 9

Cneifio yn Nantyrhafod.

Evan Edwards yn canu yn swynol.

Dod yn ôl heno i'r Ysgafell.

Thursday Juli 10

Newtown Wool Sale.

Er garwed fu mordaith eu bywyd
Nofiasant uwch tonnau yr aig
A chanent yn hafan y gwynfyd
Am grefydd hen gapel y Graig

Dewi Bach – Cân y ddau gapel.

Friday Juli 11

Hynod o boeth.

'Y mae ysgrifennwyr pethau digrif ymysg y dynion pruddaf, a mwyaf di-ddawn eu siarad. Ac anaml y cewch lenor yn desgrifio colli plentyn neu briod ond oddiar ddychymyg di-brofiad. Nis gall y profiadol ei wneud. Gwywa gwawr yr arddull lenyddol wrth fynd trwy ffwrn danllyd gwirioneddau bywyd.'

Syr Owen M Edwards yn Y Cymro Gorphennaf

Saturday Juli 12

'Pan gwympo'r medelwr diwethaf.
I'w feddrod ym meysydd yr ŷd.
A phan beidia tŵf y cynhaeaf
Yn y Ganada eang i gyd
Bydd dyfnllais yr udgorn yn torri
Trwy'r dyddiau anghyffwrdd hyn
A Duw o unigedd y Prairie
Ddaw i fedi y gwenith gwyn.'

Hedd Wyn

Sunday Juli 13

Drefnewydd – Parch. David Davies.

Bore: Micah 7pen 18-19adn. Duw yng ngoleuni ei faddeuant.

1. yn Dduw heb ei debyg

2. ei faddeuant yn codi o drugarowgrwydd ei natur.

3. ei fod yn dwyn cyfyngder a gwasgfa ar ddynion er mwyn eu cymhwyso i dderbyn ei faddeuant.

4. ei fod yn dinistrio pechod yn y rhai dderbyniant ei faddeuant.

5. fod ei faddeuant Ef yn llwyr ac yn gyfiawn – i ddyfnder y môr ...

Monday Juli 14

'Y ffaith alarus yw – po dyfnaf y suddai dynolryw mewn
llygredigaeth, dyfnaf y suddant mewn annedwyddwch.'

Dr Cynddylan Jones 2il Gl Cysondeb y Ffydd, tud. 64

Cario gwair.

Tuesday Juli 15

Taro i'r dref.

Wednesday Juli 16

Mr Trefor O. Davies yn aros yma heno.

Thursday Juli 17

Tynnu tua diwedd y gwair.

Friday Juli 18

Ewythr Richard Cannon yn dod yma heddyw ac yn hoffi y Sgafell yn burion.

Cael y gwair heno.

Dod i fyny i Nantyrhafod heno erbyn fory– drwy Garno.

Saturday Juli 19

Diwrnod Dathlu Heddwch.

Cyfarfodydd Gweddi Undebol yn Staylittle. Derbyn Beibl yn rhodd gan yr Ardal am fy ngwasanaeth yn y Rhyfel.

Myned i ginio yn Trefeglwys heno a siarad ar ran y milwyr.

Sunday Juli 20

Yn y Graig Parch. R. H. Jones, Wrexham – hen ŵr doniol – dywedodd bethau digrif dros ben.

Monday Juli 21

Dod i lawr heno – gwlaw tyner.

A gwnaf i chwi fyned dan y wialen a dygaf chwi i rwym y cyfamod

Ezeciel 20

Tuesday Juli 22

Neister a David H. Rees yn cael eu hanfon i fyny.

Wednesday Juli 23

Dada a minnau yn mynd i Minllyn am dro. Cael golwg dda iawn ar bethau yno er gwaethaf yr holl dywydd sych.

Thursday Juli 24

'Canys y mynyddoedd a giliant a'r bryniau a symudant; eithr fy nhrugaredd ni chilia oddi wrthyt a chyfamod fy hedd ni syfl, medd yr Arglwydd sydd yn trugarhau wrthyt'.

Esaiah 54: 10

Friday Juli 25

Caersws Fair.

Sold for Mr John Evans at Sgafell 20 bullocks at £32.

Saturday Juli 26

Llanidloes Fair.

Dr Jones Roefach sleeps here.

Supper at Newtown for returned soldiers which I had the honour to attend.

Sunday Juli 27

Bethel, Newtown. Parch. John Davies, Berriew.

Duw yn noddfa a nerth i ni.

Noddfa ddiogel.

Noddfa gyffredinol.

Noddfa agos.

Monday Juli 28

Fy nhad yn mynd i'r Amwythig.

Paid for W. Thomas £1.

Tuesday Juli 29

Ffair yn Drefnewydd. Ceisio gwerthu 12 o fustych ond methu.

Cwyn gyffredinol ar y tywydd.

Wednesday Juli 30

Mynd â gwartheg i Gaersws gan feddwl eu llwytho i ffwrdd ond gorfod eu dychwelyd am nad oedd tryciau.

Thursday Juli 31

Mynd â'r bustych i ffwrdd wedyn heddyw.

'Ac wedi iddynt weddïo siglwyd y lle yr oeddynt wedi ymgynnull ynddo, a hwy oll a lanwyd â'r Ysbryd Glân a hwy a lefarasant air Duw yn hyderus.'

Act. 4: 31

Friday August 1

Dim neillduol.

Saturday August 2

P/War Neister terminates today. He was with us about twelve months.

Paid W. Thomas £4.

Sunday August 3

Drefnewydd. Parch. W. H. Williams – Gweinidog.

Bore: Esaiah 26b: 4adn Duw yn Graig – y Graig yn sefydlogrwydd ac yn gysgod. Yn gysgod o bob cyfeiriad. Cyfoeth yn gysgod o gyfeiriad tlodi yn unig.

Hwyr : Actau 2: 6 Llanw â'r Ysbryd Glân.

Monday August 4

August Bank Holiday.

Wm Thomas goes to the Sports to Caersws.

Caersws is a famous place for sports – about the only thing it can enjoy.

Tuesday August 5

Dim byd neillduol.

Ordered 8 tons lime from the Severn VC ops.

Wednesday August 6

Mynd i'r Eisteddfod Genedlaethol. Y peth cyntaf a glywais oedd datganiad ar y crwth gan blant – wedyn y côr plant – y canu mwyaf bendigedig. Y côr buddugol oedd Gwynfryn Bwlchgwyn.

Cysgu heno yn y Bala.

Y bardd coronog – Parch. Crwys Williams.

Thursday August 7

I Gorwen heddyw efo trên naw.

Y corau merched yn canu.

Y côr buddugol – Rhymni.

Y corau meibion yn canu – y côr buddugol: Nelson, 2il Williamstown.

Y Bardd Cadeiriol – Mr C. Davies, Cwrtnewydd Sir Aberteifi.

Cyngherdd ardderchog heddyw. Seindorf y Welsh Guards yno yn chwarae yn ddigyffelyb.

Cysgu yn y Bala heno.

Friday August 8

Y Gymanfa Ganu Genedlaethol. Arweinydd – Mr Emlyn Davies, Trevor.

Llywydd y prydnawn – Mr Herbert Lewis.

Llywydd yr hwyr – Mr Llywelyn Wms.

Y peth gorau i gyd oedd clywed y deng mil a'r seindorf yn canu 'Cymod' a'r Anthem, 'Bendigedig fyddo enw yr Arglwydd'.

Saturday August 9

Troi adre yn ôl.

Wel dyna Eisteddfod fawr Corwen drosodd. Y prif siomiant oedd nad oedd Mr Lloyd George yn bresennol. Ei phrif ogoniant oedd ei Chymraeg glân a chroyw, a'i phrif lwyddiant oedd y tyrfaoedd aneirif.

Sunday August 10

Drefnewydd – Parch. D. Thomas, Llandrillo.

Bûm efo Mr Tom Morgan yn cael te.

2/6 at y Weinidogaeth.

Monday August 11

Y Parch. a Mrs Thomas Llanafan yn dod yma am dro.

Mr Jones Brynllys a'i chwaer yma heno.

Tuesday August 12

Tywydd poeth deifiol.

Cynhaeaf sych ragorol. Agor o gwmpas y ceirch.

Wednesday August 13

Dod i fyny i Nantyrhafod.

Thursday August 14

'Gall canwyllau bach y ddaear
Oll ddiffodd mewn drycinoedd,
Ond ym merw chwyldroadau
Gwena'r seren yn y nefoedd.

Parcha'r llaw sy'n dal y gannwyll.
Paid â diystyru'r dynol,
Ofna'r llaw sy'n dal y seren
Dal dy afael yn y dwyfol.'

Rhys J. Huws

Friday August 15

Bûm yn Aberbiga heddyw.

Saturday August 16

Dod i lawr heno yn hwyr ar gefn hen gaseg y Sgrwd. Siwrnai faith, oferol.

Sunday August 17

Bore yn New Rd – Parch. Christmas Jones.

Hwyr yn Crescent – Parch. Robert Davies, Towyn.

Monday August 18

Gorphen torri'r ŷd.

Tuesday August 19

Gwlaw bore heddyw. Clirio i fyny etto.

Wednesday August 20

'Gynnau'r eigion a rwygwyd – meirch y môr
Chwim eu hwyl a ddaliwyd
Hedd yn awr wareiddia'u nwyd
A'u gwaed halog dawelwyd.'

Dyfed i 'Heddwch'

Gwlaw'r bore codi at y prydnawn.

Thursday August 21

Cario gwenith yn brysur.

'Y rhai hyn a dderbyniant farn fwy.'
                    Luc 20: 47

Friday August 22

Caersws Sale.
  Sold:
  12 bullocks = £30
  40 lambs at 26/6 = £53
  Carting wheat until 11p.m. Haynes M. Bennet helping.

Saturday August 23

Llanidloes Fair.
  Sold 8 lambs = 33/0
  Gorphen y gwenith.
  Wel dyna wythnos arall ar ben – O! wythnos ofer, afradlon – nid llithro ond rhedeg i lawr.

Sunday August 24

New Rd bore – Parch. S. G. Jones Pennal. Brenhiniaeth Crist.
  Ysgol Sul – Dydd mawr ac eglwys Arglwydd.
  Hwyr – Capel Penstrowed. Pregeth Saesneg gan Parch. W. R. Roberts, Drefnewydd – 'Af a dychwelaf i'm lle.'
  Mae Mr Roberts yn gadael Drefnewydd am Loegr.

Monday August 25

Gwlaw.

'Though heaven be shut
And heaven's high Arbitrator sit secure
In his own strength, this place may be exposed

To their defence who hold it; here, perhaps
Some advantageous act may be achieved
By sudden onset.'

    Milton, Paradise Lost

Tuesday August 26

Newtown Fair.

    Sold Sgrwd Mare £52.

    'My angel – his name is Freedom
Choose him to be your King
He shall cut pathways east and west
And fend you with his wing.'

    Emerson

Wednesday August 27

Grading at Caersws

    Ewes brought down.

    Mynd i'r Seiat heno – am y tro cyntaf i Bethel.

Thursday August 28

    'The danger is upon us, even at our very door. At the best we have
to face a shortage equal to the worst days of the war; at the worst,
famine.'

    Ernest W. Potter, The Economist

Friday August 29

Dim neillduol iawn.

    'Wele lais gwaedd merch fy mhobl, oblegid y rhai o wlad bell,'
onid ydyw'r Arglwydd yn Sïon, onid yw ei Brenin hi ynddi?
Paham y'n digiasant a'u delwau cerfiedig a'u haberthau dieithr?'

    Jer.

Saturday August 30
Taro i Lanidloes.

Sunday August 31
New Rd – Parch. John Evans, Llanidloes.

Dywedodd y bore fod pob diwygiad yn dwyn gwirionedd newydd am Dduw i'r golwg; a dangosodd fel y mae y syniad am Dduw heddyw yn ein gwlad wedi mynd yn isel, dwy bennill o waith ieuanc o'r enw Louie Golding mewn perthynas â'r Rhyfel. Dyna ddywedodd hwnnw: 'We forgive Thee, God, You do not know what you do'.

Wrth ddod adref, cyfarfyddais Mr Petterson yr hwn a welais yn Barly yn Ffrainc ynghanol y Rhyfel, a daeth i fyny at y tŷ.

Monday September 1
Derbyn llythyr a roddodd ddyrnod caled i mi. Dim rhagor o sôn amdano yn y fan yma. Diau y cofiaf ef tra byddaf byw.

Tuesday September 2
Gwlaw trwm am ychydig amser bore heddyw.

Wednesday September 3
(annealladwy)

Thurs September 4
(annealladwy)

Friday September 5
Sale at Kerry.
    Sheep trials.

Saturday September 6

Cychwyn i Dowyn.

Cyrhaedd Gwyddelfynydd

Sold Llanidloes 8 lambs.

Paid D. H. Rees £10.

Sunday September 7

Mynd i Gapel Bryncrug.

Un o'r 'gethwrs salaf a glywais yn fy mywyd erioed – fe'n cadwodd yno tan 11.30a.m. ac wedi blino.

Mynd i Perfeddnant heno am dro – Adrodd y Rhyfel.

Monday September 8

Mynd i fyny i Tynyfach i edrych am Jennie, fy nghefnither.

Tuesday September 9

Towyn Sale.

Sheep trade not as good as last year. Strong cattle going well.

Sold Nantyrhafod ewes.

Wednesday September 10

Diwrnod neillduol o boeth.

Wm Thomas yn gorphen troi un darn am wenith.

Thursday September 11

Caersws Sale.

30 ewes = 58/

20 lambs = 48/6

Ch £133.48

W. Thomas and D. H. Rees to Wpool. Paid D. H. Rees 10/.

Friday September 12

Bt Llwynygog.

15 lambs = 22/6 = £16-14-6

Old a/c   £33 7-6

    30.12.6=

    £2.15.0

    Ch £2.15

Yn Llwydnant heno am oriau. Mr John Hughes, Gwernffrwd yno.

Saturday September 13

Dod â 16 o wartheg i lawr.

Dyma adnod a ddywedodd dyn o'r enw Gruffydd Evans wrth gael ei dderbyn yn ôl i'r Seiat yng nghapel bach Llanfihangel – ar ôl bod i fewn ac allan o'r seiat lawer gwaith:

'Ni wrthyd yr Arglwydd ei bobl, y rhai a adnabu ef o'r blaen.'

Sunday September 14

Drefnewydd Cyf. Pregethu – Parch. Thomas Williams, Caergybi.

Bore – Math 11: 29 'A chwi a gewch orphwysdra i'ch Eneidiau'

(1) Y serch yn gorphwys ym Mherson y Gwaredwr

(2) Yr ewyllys yn gorphwys yng ngwaith y Gwaredwr

(3) Y deall yn gorphwys yn neall y Gwaredwr

Gorphwys gwell na gorphwys yn y bedd ac na gorphwys yn y nefoedd ydyw gorphwys yng Nghrist yn stormydd y byd hwn.

Prydnawn – Ioan 6-66-68. Gwrthgiliad ac Ymlyniad.

Hwyr – Titus 2: 11-13. Gwadu a byw. Nyni yn byw rhwng dau ymddangosiad. Gras ac Ailddyfodiad.

Monday September 15

Mynd i fyny i Nantyrhafod. Wrthi'n torri ceirch yno.

Tuesday September 16

Dod â 35 llydnod ac ŵyn i lawr. Gwres mawr.

'Rho balasau i ddysgeidiaeth
Ti gei oleu'r byd am hynny,
Ond ni fedr neb ond Ceidwad
Dalu seren am ei lety.'

Rhys J. Huws

Wednesday September 17

Ffair yn Llanidloes.

Bt Ystradynod 3 Bullocks = £23.10 = Ch £30

Very very bad sheep trade.

Ystradynod: Fferm Ystradhynod (bellach o dan ddŵr Llyn Clywedog)

Thursday September 18

'We knew that the wear and tear of the enemy's forces was high.
But we also knew that the enemy was extraordinarily strong, and
what was equally important possessed extraordinary willpower.
Lloyd George was determined to win. He held England in hand.'

Marshall Luderdorff in his notable War Memoirs

Friday September 19

Teilo i wenith y flwyddyn nesaf.

'It should be the sublime duty of all without thought of partisanship,
to help in building up the new world, where labour should have its
just reward and indolence alone should suffer want.'

Mr Lloyd George

Saturday September 20

Dim neillduol iawn.

Sunday September 21

New Rd – Parch. D. B. Edwards, Tregaron.

Bore – Luc 22: 28–29

Ffyddlondeb y disgyblion. Gwobr y disgyblion. Crefydd yr aros yw crefydd Mab Duw. Aros mewn profedigaeth yn well na'r un aros arall.

Bûm yn athraw ar ddosbarthiadau Mr Ll. Roberts a Miss Jones yn yr ysgol a chyda Mr Tom Lloyd yn cael te.

Monday September 22

Mary returns from Towyn.

*'Yn attal eu caniadau
Wrth synnu oll yn un,
I weld eu Duw yn dioddef
A marw yn natur dyn.'*

Tuesday September 23

Ffair Cooke Bros yn Drefnewydd.

Mynd i fyny i Gaersws a dod â'r ferlen i lawr.

'The war reveals the Englishman as the best-hearted, the most enduring and most ignorant, and least original man in the world.'
Army Chaplain

That is also precisely my opinion of the Englishman.

Wednesday September 24

Seiat yn Bethel – yr ail i mi gael y fraint o fod ynddi. Dywedodd un o'r brodyr ei fod yn gysur meddwl ein bod yn gwella wrth fod yng nghwmni ein gilydd. Yr wyf yn teimlo fod hynny yn wir – yn fwy gwir nag erioed.

Thursday September 25

Llythyr wedi dod yn dweyd fod yn rhaid i Dafydd fynd yn ôl.
Minnau'n derbyn llythyr dyddorol arall.

'It is time that a new value shall be read into patriotism; the war-value by itself is exhausted for the moment; another must take its place.'

Public Opinion Sept 19th

Friday September 26

Sale at Cae Mawr.

Very bad trade. Fails to sell 12 cattle. Sold cow and calf =
£50.

We took over the land in Minllyn from Arthur Davies today
for £46.

A great Railway crisis. Strike postponed. Negotiations with
Government more hopeful today.

Saturday September 27

Great Railway General Strike at midnight this morning. All
trains stopped. Serious situation.

Fair at Llanidloes – do business

Bt heifer Gellilefrith = £19.15.

Sunday September 28

Parch. J. T. Jones, Rhosddu.

Bore –Philippiaid 3: 12 – Gafael Iesu Grist yn Paul. Gafael
Paul yn Iesu Grist. Gafael Iesu Grist yn rhoi maddeuant a
thawelwch yn gwneyd sant ac yn gwneyd gweithiwr o Paul.

Hwyr – Actau 3: 16.

Yr achos o'r wyrth, cyfrwng y wyrth, effeithiau gwyrth.

Achos – Iesu Grist; cyfrwng – ffydd; effaith – iechyd.

Monday September 29

All trains stopped on every railway.

What the National Union of Railwaymen demand is the standardisation of wages. The Government is showing a determined attitude. They have public opinion behind them.

Tuesday September 30

Newtown Fair. No horse sale.

Little business done. No demand for small cattle.

Mr Wm George Solicitor, Miss George & Mr German Llanidloes were here for a few hours this evening. Paid W. Thomas £3.

Agriculture

This is a fitting place to make a few general remarks upon current topics. The effect of the dry summer – one of the driest ever remembered has been to reduce the price of all store stock; and to darken the prospects for wintering cattle. Farmers will undoubtedly be faced with serious questions when the prices of stock decline, more so in view of the increased cost of living and the high wages paid, and the shortening of the working hours on the land.

One very remarkable fact is the constant sale of land – the papers are covered every week with advertisments of the sale of property. The tenants in many cases become purchasers at a much higher rate of rental.

Wednesday Oktober 1

Great sale at Gwernysgol. About 150 pedigree Hereford cattle.

Am suffering these days with a heavy cold in my head, the effect of a very close haircut given me last week by a barber in town.

Thursday Oktober 2

Telegram to hand from Hughes Corwen not to send sheep this week.

On my way to Nantyrhafod met Father who said sheep had been taken to Dolgelley today.

Came down on 'Robin' – an awful experience.

Thanksgiving at Aberhafesb Church.

Friday Oktober 3

Old Fair at Llanidloes.

The position in the railway strike this morning was: the Government insists that the railwaymen must go back to work before negotiations are continued,

Mr Thomas says he cannot give the order to go back. Trains running yesterday numbered 2,593 run by volunteers.

Saturday Oktober 4

Rhaid i mi addef fy mod yn cael amser adfydus – a phrofiad chwerw. Heblaw anghysuron teuluaidd, a diffyg cydymdeimlad, mae pob pelydryn o oleuni wedi cilio oddiwrthyf, a dim ond tywyllwch truenus yn teyrnasu dros fy enaid.

Mae fy nhad mewn trallod – ac mewn dioddefaint meddwl oblegid pethau dibwys – yr wyf fi mewn trallod oblegid pethau pwysfawr.

Sunday Oktober 5

Yn chwech ar hugain oed heddyw. Mi gofiaf am bentref Labriequirie lle cefais fy mhen-blwydd y llynedd.

New Rd. Parch. W. R. Williams

Bore – 'Canys byw i mi yw Crist.'

(1) Crist yn troi yn fywyd o wasanaeth

(2) Ei wasanaeth yn dwyn iachawdwriaeth

(3) Bywyd yn dwyn dioddefaint

Hwyr – yr Esgyrn Sychion. Bûm yn Sgafell efo Mr D Jones yn cael cinio a the.

Y Streic Fawr drosodd heno.

At y weinidogaeth 2/6.

Monday Oktober 6

Strikers returned to work. Wages stabilized. All adult railwaymen to receive 51/ until August 1st 1920.

There are four men working on this line from Doughty Bridge to Newtown, it is very little they seem to be doing.

Tuesday Oktober 7

I took 20 wethers to grade today but all stock were returned home because there were no wagons to send them away.

Came up to Nantyrhafod. Lost my dog on the way.

Wednesday Oktober 8

Hugh takes 150 lambs to Pantydŵr.

Dick Lloyd takes 40 wethers to Scafell.

I fetch sheep from Dolbacho.

One of the great events of the week is the return of the notorious Dick Jarvis after being absent since last January.

Thursday Oktober 9

Dod i lawr heddyw.

Cyfarfod Diolchgarwch yn Drefnewydd.

Friday Oktober 10

Buom yn taenu'r calch y prydnawn heddyw – neu yn gorphen ei daenu ar y cae gwenith. Yr oedd yn gôt go dda – digon da mi gredaf i'w gadw yn gynnes dros y gauaf.

Miss Sybil D. V. Owen yn dychwelyd.

Saturday Oktober 11

Derbyn pamphledau ynghylch y telerau a roddir i filwyr ar y Tiriogaethau tramorol, sef Canada, Awstralia etc. Mae'r telerau yn burion mewn rhai mannau ond nis gellir ymfudo ar hyn o bryd.

Paid Dr H. Rees = £1:15:0 Dr a/c up to date £3.5

Sunday Oktober 12

Mr Lunt yn pregethu am y tro cyntaf yn New Rd. Dyrchafiad Iesu Grist oedd ei destun oddi ar Actau 2-36. Teimlais ei fod yn pregethu yn nerthol ac yn addawol iawn. 'Rhwydd hynt iddo; ac awelon y bryniau nefol fyddo o dan ei edyn.'

Monday Oktober 13

Heno daeth D. Evans, Penygraig a gwas Aberbiga yma a cheffylau erbyn y ffair yfory.

Bûm yng nghapel bach Wesle Penstrawen yn y Cwrdd Diolchgarwch heno. Yr oedd y Parch. J. Maelor Hughes, Drefnewydd yn pregethu yno.

Tuesday Oktober 14

Ffair geffylau. Yr oedd yno oddeutu pum cant ac fe werthwyd llawer am brisiau neillduol o isel.

Graded 23 wethers = £58.13

Wednesday Oktober 15

Went to Caersws this evening. Mr R. Morgan of the Mont. Ag. Com. called to know if we had decided to cancel the notice for the tenants at Minllyn. We replied that we were not at present prepared to do so. He informed us of the ploughing order for 52 acres which would be imposed.

Thursday Oktober 16

Bore heddyw bûm fyny ar y Banc Aberhafesp yn chwilio am

goed tân a choed polion cain. Yr oedd yno ddigonedd mae'n wir o goed tân ond maent mewn lle anhawdd dros ben i'w cyrchu oddiyno.

Arwerthiant Ystad Brogynlyn.

Friday Oktober 17

We started to the sale at Dolfor Hall but the tyre of the trap came off and we were obliged to turn back.

Saturday Oktober 18

I go to Llanidloes and from there to Nantyrhafod. It was an ideal day for cycling. I arrived at Nantyrhafod at 9p.m. starting from here about 3 and spending some time in Llanidloes.

Sunday Oktober 19

Yn y Graig – Parch. W. G. Jones, Neuadd. Deuthum i lawr i Ysgafell heno.

Monday Oktober 20

Parattoi i ddyrnu. R. Lloyd yn dod â (41 a hwrdd) o wyn croes i lawr.

Tuesday Oktober 21

Dyrnu. Gorphen yn gynnar. Cawsom 60 cydaid o wenith a rhyw ddwsin o geirch.

Derbyn cheque gan M. Hughes am £242 – dyrnu oddeutu 60 cydaid.

Wednesday Oktober 22

Dyrnu i John Lewis.

Thursday Oktober 23

Dyrnu i ninnau. Dyrnu dros 40 codaid. Ffair yn Llanidloes.

Paid D. H. Rees = £2

Sold J. I. Rowlands 3 bags wheat = 45/-

Mr Williams gweinidog yn galw.

Friday Oktober 24

Caersws Sale.

2 barren = £29.5 = £58;10

8 bullocks £28.5 = £226

Ch £280.10

Saturday Oktober 25

Took 43 ewe lambs to Minllyn. On the way home from town I ran into an old gentleman on my bike in the dark and both of us went down though fortunately not sustaining severe injuries.

Sunday Oktober 26

Parch. Vernon Lewis MA, BD yn cynnal Cyf. Pregethu Milford Rd.

Ei destun y bore oedd – Esaiah: 52B 14-15adn.

Hwyr – Phil 3. 10

Pregethau cryfion iawn.

Monday Oktober 27

Sold 6 bags wheat for E. R Owen for 45/- 3 for D. Jervis = 45

2 bags to Nantyrhafod to be ground for flour.

Got 4 cwt of peas from Talgarth Mill for the pigs.

Tuesday Oktober 28

Newtown Fair.

Graded – 34 wethers, 6 lambs – Ch £85-6.9

Ordered 4 ton slag

Paid Wm Thomas = £2

Wednesday Oktober 29
Sold for Mr Rd Lloyd Scafell 4 bags wheat 45/- = £9

Thursday Oktober 30
Mr Jones Scafell yn dod yma bore heddyw i ddangos sut i ddefnyddio'r dril. Hau pum cyfer o wenith.

Pwyso i Mr D. H. Jones, Llwyncelyn, Llanbrynmair.

6 bags at 4/ = £14-2
2 bags at 45/ = £4.10
  £18.12

Friday Oktober 31
Went to Aberystwyth to a meeting held in the Coliseum at 2p.m. under the auspices of the Cardiganshire Liberal Association. The meeting was addressed by the Rt. Hon. Lord Asquith. He said there was one way and one way only to deal with the present situation and that was by increased taxation which must take one of two forms – an increased income tax, or 'a duty upon realised or realisable wealth.'

> *'One of the worst products of the war spirit a sort of morbid excresence upon the patriotism of the country was the mania which was fostered by the least reputable section of the Press for spy hunting. The war was now over but this evil spirit, which was then aroused was still extending itself with impartial malignity and stupidity, not only to our late enemies but to all persons of alien extraction who live within the ambit of our country'*

Mr Asquith concluded his speech by saying that Liberalism in Wales was not moribund or dumb. He preferred to think it was hypnotised. Whenever Wales had spoken it had done so with a liberal voice, let her not in these testing times give out a snuffled and uncertain sound.

The Chair was taken by Alderman J. H. Howell Aber

(ysgrifen annealladwy); Lady Bonham Carter spoke for a few minutes after her Father. A very able speaker.

Saturday November 1

Slept last night at Machynlleth with my old friend R. Picton Jones. Returned home this morning on the 9 train from Machynlleth.

Paid D. H. Rees £1

Sunday November 2

New Rd – Parch. W. R. Williams

Heno defnyddiwyd y llestri cymundeb unigol am y tro cyntaf.

Monday November 3

Diwrnod oer, gwenwynllyd. Rhoi llidiart newydd ar y weirglodd yn y prydnawn.

Tuesday November 4

Parch. J. D. Wms Pontypridd yn pregethu yn New Rd heno. Ei destun oedd Jeremiah 18 pen 4 'Y clai yn llaw y crochenydd.' Duw yn gwneyd – dyn yn difwyno – Duw yn ail-wneud. Dywedodd y pregethwr mai diffyg cymeriad ac nid diffyg gallu sydd yn cyfrif nad ellir cadw y ddyletswydd deuluaidd.

Wednesday November 5

Went to Caersws this evening. There was a Young People's meeting addressed by the Rev. Sidney Morgan, Hoylake. J. Wynn Thomas Swansea and J. D. Evans MA, Pontypridd and presided over by Prof. D. Morris Jones MA, BD. The subject was 'The Call of the New Age'.

Thursday November 6

Bore heddyw yn y capel Parch. G. Hughes Caer a'r Parch. Dr John Williams, Brynsiencyn.

Testun Dr J. Wms – Math 5;13: 'Syched am gyfiawnder, y dyhead dyfnaf, y cyflenwad uchaf a'r mwynhad pennaf.' – Eneidiau heb ymolchi erioed. Dim ond Haul y Cyfiawnder all ddeffro'r enaid.

Prydnawn – Parch. W. Thomas, Llanrwst

Hwyr – Hughes Rhos + R. H. Watkins, Dinorwic

Roedd y Parch. Ddr John Williams yn adnabyddus fel pregethwr huawdl ond yn bennaf am fod yn ymgyrchydd i berswadio bechgyn ifanc yn eu cannoedd i ymuno â'r Fyddin. Credodd mai ei ddyletswydd oedd recriwtio ond fe achosodd rhwyg cymdeithasol fel a ddisgrifiwyd yn y Rhagymadrodd dan y pennawd 'Heddychiaeth'.

Friday November 7

Daeth Mr a Mrs D. H. Evans adref yma neithiwr a dychwelasant heno.

Prydnawn heddyw prynais ½ tynell o cake i'r gwartheg.

Bûm yn y Cyf Darllen heno.

Saturday November 8

Diwrnod tywyll odiaeth. Bûm yn chwilio am foch hyd gefnen claiog Aberhafesp.

Bt 2 pigs at 27/- = £2.14

Paid Wm. Thomas 10/-

Sunday November 9

Bûm yn yr ysgol yn unig heddyw.

'Pa rai yw y moddion a ordeiniodd Duw i effeithio ein hiachawdwriaeth? Mae'r ateb yn barod – ymgnawdoliad ei Fab i symud ymaith ein hanwybodaeth, Iawn ei Fab i symud ymaith

ein heuogrwydd ac ymbreswyliad ei Fab ynom trwy ei Ysbryd i symud ymaith ein halogrwydd.'

Dr Cynddylan Jones, Cysondeb y Ffydd – 2il gyfrol.

Monday November 10

Dannodd ac anwyd gwyllt.

Graded at Llan'Mair 20 wethers = 32lbs

Bt J. Rowlands = 3 bags cake

Tuesday November 11

Yn y gwely mewn poen a blinder.

'Ow, ow'r ddannodd wyllt ddi-osteg
Byw ydwyf trwy'm ber adeg
A phoenau 'nghorph yn 'y ngheg.'

Wednesday November 12

Prynu Nantyrhafod am £3000 ym Machynlleth.

Gwerthwyd Llwynygog am £1800, Hirnant am £2000, Felin am £960, Dolgwyddil am £400, Glanbachog am £3800, Rhos… am £3775, Maesmedrisial am £1500, Lluest, Llangurig am £8100 ac Aberbiga ar ôl yr arwerthiant am £1500.

Thursday November 13

Anfon yr injan dorri i Mr D. Jones Penbegw – a hithau yn cael ei thorri'n yfflon ar y ffordd.

Claddu Mr Charles Evans (Siarl Trannon), Trefeglwys.

Friday November 14

Dim neillduol iawn.

58 o ddefaid yn dod i lawr o Nantyrhafod. 33 mamogiaid 23 wyn gwryw, 1 fenyw 1 hwrdd.

Saturday November 15

'I expect to pass through this world but once. Any good work, therefore I can do or show to any fellow creature, let me do it now! Let me not defer or neglect it for I shall not pass this way again.'

William Penn

Paid D. H. Rees £1

Sunday November 16
Parch. R. W. Jones, Dinas.

Bûm yn yr Ysgol heddyw a dyna i gyd. Pwnc y drafodaeth yn y dosbarth oedd <u>Edifeirwch</u>.

Bûm yn darllen Cysondeb y Ffydd heno.

Monday November 17
Y naws wedi tyneru – gwlaw mawr.

'O! Earth so full of dreary noises!
O men with wailing in your voices!
O delved gold, the wailers heap!
O strife! O curse, that o'er it fall!
God strikes a silence through you all,
He giveth his beloved sleep.'

E. B. Browning, 'The Sleep'

Tuesday November 18
Mynd i fyny i Nantyrhafod heno.

Dada a Hugh yn mynd i Bantyrhedyn.

Claddu Mr John Williams, Red House yn <u>69</u> oed.

Wednesday November 19
Dada a Hugh yn cychwyn am 6.30a.m. ac yn mynd i Ruabon.

Prynu Pantyrhedyn am £220.

Minnau yn prynu 2 heffer yn Llwynygog am £18.10 = E. R. Owen yn talu am y gwenith. Ch £29.

Yr heffrod yn gomedd cerdded. Gorfod i mi eu gadael yn y cyffiau.

Thursday November 20
Ffair yn Llanidloes.

Bt Davies 1 heifer = £16
Sold 7 ewes = 30/-
Paid Davies = £3

Friday November 21
Caersws Sale.

Sold –

2 bullocks	=	£30 =	£60
4 "	=	£25 =	£100
10 "	=	£29 =	£290
2 Heifers	=	£25.15 =	£51.10
		Cheque	£495.4.6

Priodas Mr a Mrs W. H. Jones, Tygwyn yn dychwelyd i Brynawel, Staylittle. Nifer fawr o wahoddedigion.

Saturday November 22
Dod â 3 poni i lawr o Nantyrhafod.

Sunday November 23
Parch. D. Ynyr Hughes, Llanbrynmair.

Hwyr – Ese. 33, paragraph olaf:

'Nid wy'n haeddu dim trugaredd
Trois fy nghefn ar y nef,
A chofleidiais fy eilunod

'Nôl meddiannu ei gariad Ef;
Gwerthais drysor mwy na'r ddaear
Am bleserau newydd acw
Ac rwy' bron â thorri 'nghalon
Am ei heddwch Ef yn awr.'

Monday November 24

Bt Garthfawr 4 bullocks = £49-10

    Bt Cefnllech cow+calf = £25

    Bt Hyfron 4 bullocks = £78-0

Cychwynais bore heddyw a bûm yn crwydro ar gefnen Tylwch.

Tuesday November 25

Newtown Fair.

    Sold yearling horse = £33

    Calf = £1-10

This morning we received notice of a claim by Bowers of Minllyn for unnecessary disturbance and unexhausted improvements.

    Rec'd –

    Jones, Llwynellyn £18-12

    Lloyd, Scafell £9

    E. R. Owen £6

Wednesday November 26

Sallie and Father go to Nantyrhafod.

Thursday November 27

Hugh brings 6 bullocks down.

Friday November 28

Paid Wm. Thomas £2.

Saturday November 29

Father goes to Llanidloes. Entered £554-9

Drilled wheat in the 4 ½ acre field.

Rec'd from D. T. Morgan 4 bgs 29/-

Sunday November 30

Parch. Ed. Evans Llangurig.

Bore – Tŷ gweddi

Bore heddyw cynhaliwyd pwyllgor i anfon cynrychiolwyr i Gyfarfod Eglwysi Rhyddion y Dref i brotestio yn erbyn gwerthu cwrw yng nghlwb y Comrades.

2/6 at y Wein.

Monday Dezember 1

There are some notable dates in my memory. Dec 1st 1916 was one, the day I arrived at the Gds. Depot Caterham.

Dick Lloyd comes down for hedging

Paid D. H. Rees £1

Tuesday Dezember 2

Went to Minllyn this afternoon. Asked Bowen if he had taken a farm and told him that we would use no pressure.

Paid Wm. Thomas from June 2nd until Dec 2nd

= £12.10   Settled from June 2nd to Dec 2nd

= £21-9-6

£33-9-6

Wednesday Dezember 3

Gwlaw anghyffredin.

Thursday Dezember 4

Cyfarfod Ymadawol y Parch. Griffith Griffiths, Eglwys Milford Rd. Siaradwyd gan Parch. Morgan Trallwm, Elias Jones, T. E.

Williams, J. Maelor Hughes, W. R. Williams, E. Jones-Williams, William Evans, W Evans, J. Mostyn a Samuel Roberts ynghyd ag amryw lawer o frodyr crefyddol yn perthyn i'r Eglwys. Cyflwynwyd anrheg o dros £63 i Mr Griffith.

Friday Dezember 5

Neithiwr bu ymladdfa fawr yn Holborn Station Llundain rhwng Georges Carpentier a Joe Beckitt. Fe enillodd y Ffrancwr yr ornest mewn ychydig eiliadau. Yr oedd Tywysog Cymru yn bresennol. Fe dalwyd £30,000 am fynediad i mewn gan dim ond 4000 o bobl – O! benwendid.

Heno bûm yn y Cyf. Darllen.

Saturday Dezember 6

Heddyw fe gymerwyd John Morgan o Gwrdy i'r ddalfa am ddwyn defaid.

Bûm yn Llanidloes y prydnawn.

Cefais fyrddau oddiwrth Mr Burden bore heddyw a cake gwerth £7 o'r Sev V Ass.

Insured Nantyrhafod buildings for £500

Sunday Dezember 7

Bore – Parch. G. Griffiths yn pregethu ei bregeth ymadawol yn Eglwys MC New Rd. Bûm yn yr ysgol ac yn cael te efo Mr Moses Owen.

Hwyr – Parch. W. R. Williams: 1 Cor 10B 13

Dau bwynt trawiadol o'r bregeth oedd sydynrwydd temtasiwn a dirgelwch temtasiwn.

Monday Dezember 8

Sold for Mr James W. Owen 6 bulls at £28 – less £1-10 = Ch £166

Mr Hugh Rees, Llangurig yn galw.

Marwolaeth Mr David Vaughan, Staylittle.

Tuesday Dezember 9

Paid D. Evans Miller = £1.7.9

Father and Auntie return from Llangollen.

'Hyd oni wybu mai y Duw goruchaf oedd yn llywodraethu ym mrenhiniaeth dynion ac yn gosod arni y neb a fynno.'

Daniel 5: 21

Wednesday Dezember 10

Ordered 500 Spence + Loch trees = £2.5.

Had another (2nd) load of timber from Berdy Bark.

Seiat yn y capel heno. Bedyddio plentyn i Mrs Hughes.

Thursday Dezember 11

Dim neillduol iawn.

John Morgan Gwrdy yn cael ei farnu yn euog ac yn cael ei anfon i'r Assizes i sefyll ei brawf.

Friday Dezember 12

Claddedigaeth Mr David Vaughan.

Bydd colled diamheuol yn ardal Staylittle ar ei ôl. Mae'n chwith gennyf finnau ei golli – y cyfaill mwyn caredig. Bydd bwlch mawr iawn yn Eglwys y Bedyddwyr – nis gwn i sut y llenwir ef ond mae troion fel hyn yn dwyn ar gof i ni mai <u>ein cymeriad</u> sydd yn bwysig ar y <u>ddaear yma – ac nid dim byd arall</u>.

Saturday Dezember 13

Gorphen hau gwenith.

Bt Ystradynod 5 bullocks.

3 = £24

2 = £21

Sold C. S. Carter – 4 cwt straw = 32/-

Sold Jerman (bull) = £35

Sunday Dezember 14

Parch. J. T. Davies Llanidloes.

Hwyr – '*Mae gan y llwynogod ffauau, a chan adar yr awyr nythod, ond gan Fab y Dyn nid oes lle y rhoddo ei ben i lawr.*'

Bûm gyda Mr Davies i swper yn nhŷ'r Parch. Christmas Jones tan 11.30p.m.

Monday Dezember 15

Sale of Ag. implements at W'pool.

Bt for Minllyn: 1 plough (tractor) = £17

1 disc harrow = £23

30 bags = £1.10

1 sieve = 5

Cyfarfod Gweddi heno.

Tuesday Dezember 16

Fetched 500 trees from Dickens. 4 bundles net wire and 1 barbed from Turner Bros.

Wednesday Dezember 17

Mae'n debyg mae heddyw oedd Diwedd y Byd i fod gan rhyw bobl.

Bu R. Lloyd a minnau drwy'r dydd yn rhybanu ar yr hen shetin ar y gwaelod a thorasom hi i ffwrdd.

Paid R. Lloyd £10 (£9 per cheque) (£1 a note) from Oct 25th to Dec 20th.

Thursday Dezember 18

Parch. W. R Wms + DCC.

W. R. Wms yn galw heno. Noson stormus.

Friday Dezember 19

Sale at Caersws.

Sold for	J. Hughes	6 bullocks = £24 = £144
	Bt Rees, Plasau	4 bullocks = £20 = £80

Saturday Dezember 20

An attempt to assassinate Lord French (the Lord Lieutenant of Ireland) was made yesterday in Phoenix Park, Dublin. Lord French was uninjured.

Sunday Dezember 21

Y dydd byrraf.

Parch. D. Curels Davies.

Bore – Actau 4 13-14adn: Gwyrth yn codi gwrthwynebiad y penaethiaid Iddewig. Dyn wrth y Porth Prydferth – yno yn chwilio am elusen – dynion yn fynych mewn Pyrth ardderchog gydag amcanion isel wael. Gallu adgyfodiad yr Iesu yn rhoi iechyd a bywyd hefyd.

Hwyr – Rhuf. 6: 23: cyflog – dawn. Marwolaeth – bywyd – pechod – Duw.

Pregethau godidog, rhyfeddol.

Monday Dezember 22

This is what Abraham Lincoln said in 1812:

'I hold myself in my present position, and with the authority invested in me, as an instrument of Providence. I have my own views and purposes. I have my conviction of duty and my ideas of what is right to be done. But I am conscious all the time that all I am and all I have is subject to the control of a Higher Power. Nevertheless I am no fatalist. I believe in the supremacy of the human conscience and that men are responsible beings – that God has a right to hold them – and will hold them to a strict personal account for the deeds done in the body.'

Tuesday Dezember 23

Yesterday at Llanidloes we arranged to sell Pantyrhedyn again for the tenant Mr Richard Jones for £220. He paid £22 deposit money.

Wednesday Dezember 24

Gyrrais 6 o wartheg i Nantyrhafod – <u>pum awr o siwrnai</u>.

Wedi cyrraedd yno hwyliais fy hun ar gyfer siwrnai arall – a bûm yn gwrando ar y corau yn canu yn Ysgol yr Hen Gapel. Canu ar gyfer yr Eisteddfod yfory. Cefais swper yn Ystrad er deuthum yn ôl drwy'r storm ryfeddaf yng nghwmni Tom Jervis, Maesmedrisial.

Thursday Dezember 25

Dydd Nadolig.

Hai lwc cael Nadolig o Heddwch etto.

Treuliais ef yn Nantyrhafod. Bûm yn Llwynygog, Rhiwdefeiti a'r Felin y prydnawn a'r nos.

Hugh yn ei wely.

Friday Dezember 26

'Ask me no more, thy fate and mine are seal'd
I strove against the stream and all in vain;
Let the great river take me to the main:
No more, dear love, for at a touch I yield –
Ask me no more.'
                                    Tennyson.

Returned to Ysgafell this afternoon.

Saturday Dezember 27

'Nid yw yr archangel cryfaf yn y nef yn ddigon mawr i fod yn
sylfaen iachawdwriaeth byd euog a damniol. Pe cesglid ynghyd

bechodau ein darllenwyr a'u gosod ar gefn yr angel grymusaf yn y nef, byddai iddynt ei suddo i uffern dân cyn canol nos.'

D. Cynddylan Jones Yng Nghysondeb y Ffydd – *2il Gyf*, tud. *154*

Yma fy hun heddyw.

Sunday Dezember 28

Yn New Rd – Mr W. J. Lunt.

Satan a'ch ceisiodd i'ch nithio fel gwenith.

1. Y bywyd crefyddol yn ei beryglon – yn ei ddirgelwch ac yn ei ddyletswydd.

Bûm y p'nawn yng nghapel bach Wesle, Penstrowed – y Parch. Maelor Hughes yn pregethu ar Dafydd yn blysio dŵr o ffynnon Bethlehem.

Monday Dezember 29

Mynd i Minllyn i geisio dod i ryw benderfyniad efo'r Bowens parthed y fferm.

Tuesday Dezember 30

Newtown Fair.

Bt for 1920 3Bks = £10-/ = £31

We saw Mr Bowen again today and we decided to let him know in a week's time if we arrange to let the farm for him on his terms.

Wednesday Dezember 31

Wel, wel, dyma'r hen flwyddyn ar ben! Fe ddechreuodd arnaf yng nghadwynau milwriaeth yng ngwlad yr Almaen, ac y mae wedi terfynu mewn rhyddid cydmarol yn fy ngwlad fy hunan. Bu Rhagluniaeth drwy'r cwbl yn dyner iawn wrthym drwy bob cyfnewidiad; ac nid oes gennym o ran ein hunain ddim achos i gwyno oblegid dim.

Yn ystod y flwyddyn fe arwyddwyd y telerau Heddwch

pwysicaf, hwyrach, a welwyd erioed ar y ddaear, ond er cael Heddwch, fe welir gwledydd cyfain heddyw ar ei therfyn bron trengi o newyn o achos y gwaedlyd dymestl a aeth heibio.

Blwyddyn fawr yn 1919, er iddi fod yn flwyddyn o ddioddefaint i filoedd o bobl ddiniwed, ond blwyddyn fawr yr Heddwch serch hynny. Diolch amdani.

Y Parch. Stephen O. Tudor M.A., B.D.

Roedd yn Gaplan yn y 'Western Command' gan ddal swydd Uwch-gapten yn ystod yr Ail Ryfel Byd, 1939–1945. Fe'i lleolwyd yng Ngogledd Iwerddon, Lloegr a Chymru – yn Lurgen, Amwythig a Betws-y-coed. Wedi i'r blaenoriaid ei ryddhau oddi wrth ei ofalaeth yng Nghapel M.C. Moriah, Caernarfon ym Medi 1939 bu wrthi dros holl gyfnod y gwrthdaro yn gweini, ynghyd â Chaplaniaid eraill o amrywiol enwadau, ar anghenion ysbrydol, personol a domestig milwyr o Brydain, Canada, India, Nepal, yr Iseldiroedd ac, yn ystod y blynyddoedd olaf, Unol Daleithiau America.